Vital und fit
durch Paprika, Peperoni und Chili

Dr. Helga Buchter-Weisbrodt

Vital und fit durch Paprika, Peperoni und Chili

unter Mitarbeit
von Helge Franceschetti

TRIAS

Die Deutsche Bibliothek – CIP-Einheitsaufnahme
Buchter-Weisbrodt, Helga:
Vital und fit durch Paprika, Peperoni und Chili / Helga Buchter-Weisbrodt. – Stuttgart : TRIAS, 1998
(TRIAS natürlich gesund)
ISBN 3-89373-465-1

Konzeption und Projektleitung: Werner Waldmann
Redaktion: Ulrike Rathjen
Korrektur: Karl Beer, Andrew Leslie
Research: Elisabeth Meyer zu Stieghorst
DTP-Supervisor: Bernd Hirschmeier
Produktion: WZ Media, Stuttgart
Umschlaggestaltung: Cyclus · D+P Loenicker, Stuttgart
Druck: Westermann Druck, Zwickau
Fotos: Cover vorne und hinten: Nicola Lazi; WZ Media (44), Buchter (12), Zoschke (10), Mauritius/Eilitz (1), Mauritius/Jensen (1), Image Bank/Wallach (1), Peter Kölln, Köllnflockenwerke (1), Ketchum/Sattelberger (1), Union Deutsche Lebensmittelwerke GmbH (1)

ISBN 3-89373-465-1

Wir danken dem Unternehmen Andretta GmbH & Co. für ihre freundliche Unterstützung.

Leserservice

Wenn Sie Fragen oder Anregungen
zu diesem Buch haben, schreiben Sie uns!

TRIAS Verlag
Postfach 30 11 07, D-70451 Stuttgart

Inhalt

Paprika erobert die Welt

Botanisch gesehen ist Paprika eine Beere und keine Schote.

Paprika zählt weltweit zu den bedeutendsten Gemüsearten und hat nach dem Zweiten Weltkrieg die deutsche Küche im Sturm erobert. In vielen anderen Ländern Europas, Asiens, Afrikas und Amerikas genießt Paprika seit Jahrhunderten einen hohen Stellenwert als Gemüse und Gewürz. In manchen Regionen sind Anbau und Verarbeitung von Paprika der Hauptwirtschaftsfaktor. Dort hat diese vielseitige Frucht auch kulturelle Bedeutung erlangt. Und für immer mehr Menschen rankt sich um Paprika ein regelrechter Kult. Paprika ist der Überbegriff für zwei recht unterschiedliche Sortengruppen: der milde, süßliche, meist großfrüchtige Gemüsepaprika und der unterschiedlich scharfe, kleinfrüchtige, größtenteils schotenförmige Gewürzpaprika. Beiden gemeinsam ist die enorme Farben- und Formenvielfalt. Gemüsepaprika umfaßt weitaus mehr als nur die blockigen, dickfleischigen Früchte in Gelb, Orange, Rot und Grün. Und Gewürzpaprika beschränkt sich nicht auf fingerdicke, ein bis zwei Finger lange rote und grüne scharfschmeckende „Schoten".

Paprika bietet in seinen vielen Nuancen Augen- und Gaumenfreuden, gesund machende und gesund erhaltende Inhaltsstoffe, medizinisch verwertbare Substanzen, er dient als Lebensmittelfarbstoff und Gewürz. Während der milde Gemüsepaprika in keiner Küche fehlt, hat der scharfe Gewürzpaprika in Deutschland erst wenige, aber dafür um so treuere Anhänger. Der Unterschied zwischen beiden Varianten liegt genau bei dem Inhaltsstoff, der die Schärfe ausmacht und der, einmal entdeckt, keinen mehr losläßt. Dieser als Capsaicin bezeichnete Scharfmacher ist vor allem in den Scheidewänden, aber auch in den Samen der Gewürzpaprika-Sorten – auch Peppers genannt – enthalten. Gemüsepaprika ist weitgehend frei davon. Einige Peppers enthalten so viel Capsaicin, daß man sie nur mit stabilen Gummihandschuhen verarbeiten sollte.

Capsaicin ist ein wirksames, natürliches Schmerzmittel und in entsprechend vielen Arzneimitteln enthalten. Einige Pepper-Anhänger sind davon überzeugt, daß dieser Gewürzpaprika-Inhaltsstoff noch weitaus mehr kann, als Geschmack zu vermitteln und Schmerzen zu lindern: Er macht „scharf" und glücklich. Die aphrodisierende Wirkung läßt sich schwer beweisen, aber dafür, daß Capsaicin Glücksgefühle auslöst, gibt es eine physiologische Erklärung: Das Gehirn interpretiert die Pepperschärfe als starken Schmerz und schüttet Endorphin aus. Dieser Schmerzkiller wirkt morphiumähnlich, ohne süchtig zu machen. Das „Pepper-High" ist also völlig harmlos.

Viele weitere Details zu Gemüse- und Gewürzpaprika, vor allem den hohen ernährungsphysiologischen und medizinischen Stellenwert, aber auch eine kleine Sortenkunde, Hinweise zum richtigen Umgang und abwechslungsreiche Rezepte will dieser Ratgeber vermitteln.

Das in Gewürzpaprika enthaltene Capsaicin ist ein Schmerzmittel, das in vielen Arzneimitteln verwendet wird.

Kulturgut Paprika

Die Europäer verdanken das einst als „indianischer Pfeffer" bezeichnete Gesundheitsgemüse Christoph Kolumbus. Paprika, zunächst als Zierpflanze betrachtet, ist heute in vielen Ländern mehr als ein wichtiger Wirtschaftsfaktor. Das Gesundheitsgemüse hat sich zum Kulturgut entwickelt: Es gibt Paprika-Maler, -Fotografen, -Schmuckdesigner und -Töpfer, aber auch Chili-Feste, -Wettbewerbe und -Messen. Die scharfen Paprikasorten haben teilweise Kultstatus und sind selbst im Internet mit unzähligen Webseiten vertreten.

Paprika hat viele Namen. Die lange, wechselvolle Geschichte läßt verstehen, warum das Multitalent entsprechend viele Bezeichnungen erhielt: indischer, roter, spanischer, türkischer oder ungarischer Pfeffer, Schotenpfeffer, Beißbeere, Chili Pepper.

Wechselvolle Paprikageschichte

Das Nachtschattengewächs Paprika – als solches eng verwandt mit Tomate und Kartoffel – hat eine ähnlich abwechslungsreiche Geschichte hinter sich wie diese beiden ebenfalls aus Südamerika stammenden Kulturpflanzen und beherrscht heute auch in vergleichbarem Umfang den Speisezettel der Europäer.

Spannende Historie

Gewürzpaprika wurde aufgrund seiner Schärfe zunächst als Verwandter des echten Pfeffers aus Indien angesehen.

Paprika zählt zu den weltweit ältesten Kulturpflanzen. Höhlenfunde bei Mexiko-Stadt belegen, daß dort vor 9000 Jahren Paprikafrüchte gegessen wurden. Wann die Ureinwohner Südamerikas begannen, diese wilden Sorten zu kultivieren, wird um 3500 vor Christus vermutet. Die Peruaner schätzten die scharfen Schoten so sehr, daß sie ihnen als wertvolles Tauschmittel dienten.

An der zweiten Seereise des Entdeckers Christoph Kolumbus nahm Dr. Alvarez Chanca teil, ein Arzt aus Sevilla. Von ihm stammt die erste Beschreibung der Paprikagattung Capsicum (1494 in Briefen). Die Spanier brachten die Pflanze als „indianischen Pfeffer" nach Europa, portugiesische Seefahrer verbreiteten sie nach Afrika und Indien, dem Land des echten Pfeffers. Später brachten sie die scharfen Paprikaschoten nach China, Japan und auf die Philippinen.

In Europa beschäftigten sich bald viele Botaniker und Mediziner mit Capsicum-Pflanzen. Zunächst wurde Paprika als Ziergewächs an Fürstenhöfen und in Bischofsgärten gehegt, schon bald aber als extrem scharfe Pfefferart betrachtet. Daß sich Paprika als Nutzpflanze mit nennenswerten Anbauflächen entwickelt hat, geht erstmals aus dem Bericht des belgischen Forschers Charles de l'Ecluse aus dem Jahr 1593 hervor. Er schrieb von ausgedehnten Anpflanzungen in Brünn (Mähren) und von der Selbstverständlichkeit, mit der Capsicum in den Gärten Kastiliens zu finden war.

Der Begriff „Paprika" stammt aus Ungarn und bedeutet ebenfalls „Pfeffer".

In Deutschland verlief der Siegeszug des Paprikas eher schleppend. Zwar erstellte der Tübinger Medizinprofessor Leonhard Fuchs bereits 50 Jahre nach der Entdeckung durch Kolumbus die erste detaillierte Artbeschreibung und unterschied in seinem 1542 erschienenen Kräuterbuch drei Sorten. Aber Paprika blieb in Deutschland dennoch ein „Fremdgewächs". Noch 1911 widmete Dr. Ludwig Reinhardt in seiner „Kulturgeschichte der Nutzpflanzen" dem Paprika nur wenige Zeilen.

Erst nach dem Zweiten Weltkrieg hielt Paprika Einzug in deutsche Küchen und allmählich auch in die Gärten. Die westlichen Nachbarn in den Niederlanden waren dagegen seit Jahrhunderten auf den Handel mit exotischen Früchten und Gemüsen spezialisiert. Dadurch stieß auch Paprika sofort auf großes Interesse – und noch heute hat sie einen hohen Stellenwert im holländischen Gartenbau.

Mehr als ein Wirtschaftsfaktor

Weltweit gehört Paprika zu den bedeutendsten Gemüsearten – je nach Region dominiert Gewürz- oder Gemüsepaprika. In Deutschland hat sich der milde Gemüsepaprika zwar erst nach dem Zweiten Weltkrieg einen Platz in der heimischen Küche erobert; aber so gründlich, daß Paprika mit einem Pro-Kopf-Verbrauch von jährlich 4 kg die meisten gängigen Gemüsearten überrundet hat. Noch höher in der Verbrauchergunst stehen Tomaten und Gurken.

Paprika aus deutschem Anbau ist eine Rarität. Es gibt über den Großmarkt und damit den Gemüsehandel kaum deutschen Paprika zu kaufen, am ehesten in Feinkostläden, Bioläden oder direkt von den wenigen Paprikaerzeugern. Die frischen „Schoten" in unseren Küchen stammen zu 90 % aus Spanien und den Niederlanden. Interessant sind die Einkaufsgewohnheiten: 60 % des Gemüsepaprikas wird als „Mixpaprika" gekauft, also abgepackt zu drei bis fünf Stück je Einheit in verschiedenen Farben. Beim losen Verkauf nach Farben sind rote Früchte am beliebtesten: 60 % der verkauften Ware entfallen auf roten Paprika, 20 % auf grünen, 18 % auf gelben und 2 % auf orangefarbene Sorten.

Paprika liefert auch einen natürlichen Farbstoff für Kosmetik, Lebensmittel und Hühnerfutter.

In Mitteleuropa dominiert der Gemüsepaprika den Markt, in anderen Teilen der Erde ist Gewürzpaprika ein Wirtschaftsfaktor, der den europäischen Anbau um ein vielfaches überrundet. Indien hat weltweit den höchsten Verbrauch an scharfem Paprika und erzeugt weit über 300 000 t jährlich nur für den Eigenverbrauch. Wirtschaftlich interessant sind vor allem die hochpreisigen, zunehmend gefragten Weiterverarbeitungsprodukte der scharfen „Schoten". In den USA haben Chilisoßen (Salsas) sogar den Tomatenketchup schon zu Beginn der 90er Jahre wirtschaftlich überrundet. Die Weltproduktion an Gewürzpaprika für Ernährung und Medizin wird inzwischen auf über zehn Millionen Tonnen geschätzt, 1980 waren es knapp sieben Millionen Tonnen. Und die steigende Tendenz im „scharfen" Bereich hält an.

Wer liefert Gemüsepaprika nach Deutschland?
(1997)

Spanien	148 000 t
Niederlande	86 000 t
Türkei	18 000 t
Ungarn	9 000 t
Italien	2 600 t

Wer erzeugt Gemüsepaprika in der EU?
(1997)

Spanien	865 000 t
Italien	340 000 t
Niederlande	251 000 t
Ungarn	9 000 t
Italien	2 600 t
Griechenland	100 000 t
Frankreich	30 000 t
Belgien	13 000 t

Paprika als Kunstobjekt

Die scharfen Verwandten des milden Gemüsepaprikas sind ein beliebtes Kunstobjekt – und das seit Menschengedenken. Die knallig-bunten Farben und die mannigfachen Formen inspirieren jede Generation.

Chilischmuck

In Regionen, in denen Gewürzpaprika beheimatet ist und entsprechend die Küche beherrscht, finden sich die „scharfen Schoten“ auch in anderen Lebensbereichen, beispielsweise als Chilischmuck: chiliförmiger Gold- oder Silberanhänger, in Chiliform geschliffene Edelsteine und Ohrclips mit kleinen gedörrten und mit Epoxydharz überzogenen echten „Schoten“.

In manchen Chili-Anbaugebieten gibt es Chilishops, sie bieten alles mögliche und unmögliche in Chiliform: neben Chiliprodukten für die Küche auch Schmuck, Porzellan- und Töpferwaren mit Chilimotiven, Salz- und Pfefferstreuer, Party-Lichterketten, Christbaumschmuck, Kerzen in Chiliform, Chiliposter, Chilipostkarten, Shirts mit Paprikamotiven und natürlich Chili als Waffe in Form von Abwehrsprays auf Pepperbasis.

Chilibilder

Maler und Fotografen lassen sich faszinieren von der Formen- und Farbenvielfalt des Paprikas. Ihre Ästhetik aufs Papier zu bannen wurde für manchen zum Lebensziel.

Das knallige Rot, das Künstler zu Paprika hinzieht, beruht auf dem Farbstoff Capsanthin, einem Carotinoid.

Der bekannteste Chilifotograf, der Argentinier Eduardo Fuss, lebt und arbeitet in New Mexico/USA. Er erhielt 1994 für die Fotos in seinem Buch „Chili Pepper Fever“ die Auszeichnung Benjamin Franklin Award. Er versteht es perfekt, die „visuelle Symphonie“ von Farben, Formen, Glanz und Strukturen der Paprikaschoten in überragender Qualität aufs Fotopapier zu bannen. Sein Posterbuch ist unwiderlegbarer Beweis (siehe Literaturhinweise).

Lebhaft wie eine gutgelungene Fotografie sind die Paprikabilder von Jenny Stewart aus Tempe in Arizona/USA. Sie begründet ihre Leidenschaft für Paprikamotive mit deren intensiver Farbkraft. Sie kauft immer wieder allerlei „Schoten“, arrangiert sie im Studio und fotografiert dann diese „Stilleben“. Die besten Fotos dienen als Vorlage für ihre großen, naturgetreuen Ölgemälde. Ihr künst-

Der erste Pepper-Kongreß in den USA (1998)

lerisches Ziel: Die Bilder sollen dem Raum, in dem sie hängen, ein wenig Wärme und Würze geben.

Key West in Südflorida/USA ist der Wirkungsort von Dick Moogy, der aufgrund seiner Paprikavorliebe den Spitznamen „Pepper Man“ trägt. Sein Malstil, die „Augentäuschung“, verleitet immer wieder Betrachter, die Bilder zu berühren. Sie wirken so plastisch-realistisch, daß man meint, sich mit Paprikaschoten bedienen zu können.

Paprika im Internet

Vorwiegend um den scharfen Paprika, also die Chili Peppers oder Gewürzpaprika, hat sich ein richtiger Kult entwickelt – es gibt sogar eigene Fachmessen für alle, die Interesse an feurig-scharfen Paprikaprodukten haben. Ein seit zehn Jahren stattfindendes Spektakel bietet unter dem Namen „Fiery Food Show“ die gesamte Vielfalt der Chiliprodukte: Soßen, Salsas, Süßwaren, Chips, Snacks, Suppen, Dressings und natürlich Bücher, Poster, Kalender und Küchenartikel rund um die scharfen „Schoten“; selbst Sortenausstellungen und Kochvorführungen fehlen nicht. Wer die jährlich im Oktober in Florida organisierte Paprikamesse nicht besuchen kann, findet reichlich Ersatz im Internet. Ein virtueller Rundgang durch die Messe bietet die Internet-Adresse www.fieryfoods.com. Es gibt unzählige Webseiten aller möglichen Institutionen, die sich mit Gewürzpaprika beschäftigen. Hier eine kleine Auswahl:

- Das Chile Pepper Institute der New Mexico State University beschäftigt sich mit der gesamten Paprikagattung, die Webseiten bieten neue Forschungsergebnisse unter http://www.nmsu.edu/Research/hotchile/public_html.

- Umfangreiches Wissen über Chilis, darunter neue Sorten, Eigenanbau, Bezugsquellen und Rezepte ist abrufbar unter http://www.pepperworld.com/cpbuch.htm.
- Ebenfalls umfassend sind die Webseiten von FireGirl über Chili in Küche, Garten, Einkauf; es gibt daneben auch viele andere Kontaktadressen unter http:/www.firegirl.com.
- Informationen über die medizinische Bedeutung des Paprika-Inhaltsstoffes Capsaicin finden sich beim Krebszentrum der Universität Pennsylvania unter http://www.oncolink.upenn.edu/cancer_news/hot_candy.html.
- Paprika aus kulinarischer Sicht servieren verschiedene Träger. Ein elektronisches Magazin mit ständig neuen Gewürzpaprika-Themen und interessanten Rezepten gibt der Chilispezialist Dave DeWitt heraus als Ergänzung zur Branchenzeitschrift „Fiery Food" (Feurige Lebensmittel). Die Webseiten liefern auch weitere Kontaktadressen unter http://www.fiery-foods.com. Ein umfassendes Rezeptarchiv und fürs Auge eine ansprechende Gewürzpaprika-Bildergalerie bietet http://www.netimages.com/~chile/. Eine weitere Rezeptbörse findet sich bei Jalapeno Cafe unter http://www.azstarnet.com/~coriel/. Interessante Chilirezepte hat auch der Hersteller der Tabascosoße zusammengetragen unter http://www.tabasco.com.

Tabasco bietet sogar Spiele auf den Webseiten an.

Bunte Sortenvielfalt

Beim Begriff „Paprika“ fallen einem zunächst die glockenförmigen, fleischigen, milden Früchte mit ihren knalligen Farben ein: Rot, Gelb und Grün vor allem, aber auch Orange, Weißgelb und Purpurrot. Mehr und mehr halten deren scharfe Verwandte Einzug: die dünnwandigen, länglich-spitzen Chilis, ebenfalls geläufig unter den Namen Peperoni oder Hot peppers. Eine besonders schmackhafte Sonderform, die man am besten frisch wie einen saftig-knackigen Apfel genießt, ist der mild-süße, überaus aromatische Tomatenpaprika.

Botanisch gesehen echte Beeren sind:
- *Heidelbeeren*
- *Johannisbeeren*
- *Stachelbeeren*
- *Gurken*
- *Kürbisse*
- *Paprika*
- *Tomaten*
- *Trauben.*

Die Gattung Paprika trägt zu Recht das Attribut „Multitalent". Ihre Vielseitigkeit spiegelt sich in allen Bereichen wider: Formen, Farben, Geschmacksrichtungen, Einsatzmöglichkeiten. Ein Blick auf die botanischen Zusammenhänge hilft beim Entwirren der Arten- und Sortenvielfalt.

Die botanische Systematik klärt zudem darüber auf, daß Paprikafrüchte keine Schoten sind, wenn auch der Begriff Paprikaschote geläufig ist. Es handelt sich vielmehr um Beerenfrüchte. Nach botanischer Definition besteht eine Beere aus einer Ansammlung von Samen, eingebettet in weiches Fruchtfleisch und umhüllt von einer Fruchthaut, und genau so ist die Paprikafrucht aufgebaut.

Artenvielfalt

Ebenfalls in die Familie der Nachtschattengewächse gehören Tomaten, Kartoffeln, Tollkirschen und das Bilsenkraut.

Paprika gehört in die Klasse der Zweikeimblättrigen Pflanzen (Dicotyledoneae) und hier zur Familie der Nachtschattengewächse (Solanaceae). Die Gattung erhielt den Namen Capsicum. Der schwedische Botaniker Carl von Linné unterteilte diese Capsicum-Gattung in die Arten Capsicum annuum und Capsicum frutescens. Später wurden drei weitere Arten ergänzt.

Capsicum annuum („jährlich") umfaßt unzählige Sorten, darunter den milden Gemüsepaprika, aber auch die nur leicht scharfen Sorten Peperone und Peperoncini. Charakteristisch für die Art annuum ist, daß aus jeder Verzweigungsstelle der bis zu 150 cm hohen Pflanzen nur eine Blüte wächst. Die vielen Sorten dieser Art lassen sich weiter unterteilen in kirschförmige, zapfenförmige, lange und große/süße Sorten. Die Urform unserer gebräuchlichsten Paprikasorten ist die bereits vor 9000 Jahren in Südamerika gesammelte Wildform Tepin, auch

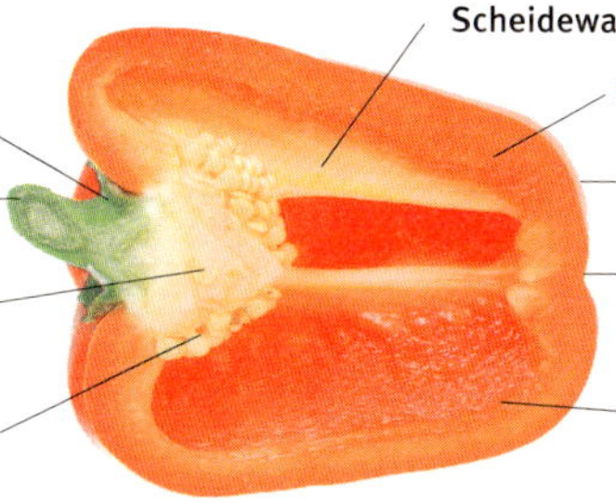

Querschnitt durch eine Paprikafrucht

Chiltepin genannt. Sie hat winzige, runde, leuchtendrot gefärbte Früchte, die bei den Vögeln Südamerikas so beliebt sind, daß sich der Name „bird peppers" (Vogelpfeffer) eingebürgert hat. Die kleinen, sehr scharfen Beeren stehen senkrecht nach oben und sind so für die Vögel entsprechend leichter zugänglich als die größeren, schweren und deshalb nach unten hängenden Sorten.

Nur Säugetiere haben Rezeptoren für den Scharfmacher Capsaicin, Vögel und Reptilien spüren die Paprikaschärfe nicht.

Pflanzen von **Capsicum frutescens** („strauchförmig") bilden an jedem Verzweigungspunkt bis zu vier Blüten. Zu dieser Art zählen nur sehr scharfe Wildformen und Sorten, die bekannteste ist Tabasco.

Capsicum pubescens („haarig") hat auffallend behaarte Blätter und ist als einzige Capsicum-Art frosthart bis –5 °C. Aus den violetten Blüten – je eine an jedem Verzweigungspunkt – entwickeln sich kleine, längliche, sehr scharfe Früchte mit schwarzen Samen. Die Pflanzen werden bis zu zehn Jahre alt. Von dieser Art sind keine Wildformen bekannt. Die bekannteste Sorte ist Rocoto.

Innerhalb der überaus formenreichen Arten **Capsicum chinense** („chinesisch") finden sich die schärfsten Vertreter der Gattung Paprika: Habanero und Scotch Bonnet. Die großblättrigen Pflanzen entwickeln an jeder Verzweigungsstelle zwei bis fünf große, weißliche Blüten.

Werden die Paprika-Wildarten mitgerechnet, gibt es sogar 26 Capsicum-Arten.

Die Art **Capsicum baccatum** („beerenähnlich") beherbergt bis zu 0 °C frostfeste Sorten mit großen Blättern und je Verzweigungspunkt einer großen, weißlichgelben Blüte. Die Früchte sind durchweg scharf.

Gemüse und Gewürz

Für den Hausgebrauch von Paprika ist die Einteilung in verschiedenen Arten weniger wichtig. Hier und im Handel wird nur nach den Kategorien „Gemüsepaprika" (früher auch „Speisepaprika") und „Gewürzpaprika" unterschieden. Beide Gruppen enthalten Sorten mit vielfältigen Formen und Farben. Die Hauptanbauländer haben jeweils ihre eigenen Typisierungen.

Gemüsepaprika

Es gibt auch Sorten, die im unreifen Zustand violett, hellgelb oder gelb sind.

Grundsätzlich charakterisiert die Kategorie Gemüsepaprika der milde Geschmack, also die fehlende oder nur geringe Schärfe. Bekannteste Vertreter sind die walzenförmigen, dickwandigen, nur unwesentlich länger als breiten Früchte. Vorzeitig geerntet haben sie meist eine intensiv dunkelgrüne Farbe, später färben sie sich kräftig rot, gelborange, gelb oder hellgelb. In Spanien und in den niederländischen Gewächshäusern wachsen vorwiegend die als „Blockpaprika" bezeichneten Sorten mit ihrer in drei bis vier Kammern gefurchten Walzen- oder Glockenform.

In Italien weichen die Formen stärker ab. Die als Quadratpaprika bezeichneten Blockpaprika werden unterteilt in amerikanisches Quadrat (8 bis 10 cm lang, 8 bis 10 cm breit), holländisches Quadrat (8 bis 10 cm lang, 8 bis 10 cm breit) und in Rechteckformate unterschiedlicher Länge (8 bis 10 cm breit, bis zu 18 cm lang).

▶ Pepperonimarkt in Nabeul (Tunesien): getrocknete Pepperoni in Massen und Käufer im Pepperonirausch

Das Sortenspektrum der Türkei unterscheidet sich deutlich. Hier sind auch die milden Gemüsepaprika-Sor-

ten weniger dickfleischig als bei den westlichen Nachbarn, die typischen Sorten haben Herzform oder sehen aus wie ein langgezogenes Dreieck. Sie schmecken überaus aromatisch.

Gewürzpaprika

In die Kategorie Gewürzpaprika zählen Wildformen und Sorten, deren Gehalt an Capsaicin, dem eigentlichen „Scharfmacher", 0,02 % deutlich übersteigt. Die Bezeichnungen für diese Gruppe sind vielfältig: Gewürzpaprika heißen die „scharfen Vertreter" im deutschsprachigen Raum. Die US-Amerikaner sprechen von „chile peppers", einige Amerikaner halten fest an der Schreibweise „chilli peppers". Die Briten verwenden den Begriff „chili peppers", der sich auch bei uns allmählich durchsetzt.

Das Wort „chili" geht auf den Aztekenbegriff „chilli" (rot) zurück. „Pepper", übersetzt Pfeffer, leitet sich vom lateinischen Wort „piper" ab. Daß die Vertreter der Gattung Paprika zunächst als Pfeffer angesehen und bezeichnet wurden, hängt mit der Entdeckung durch Kolumbus zusammen. Er war auf der Suche nach dem teuren echten Pfeffer aus Indien in Amerika gelandet. Hier gab es zwar auch scharfe Pflanzen, aber als feststand, daß keine Verwandtschaft zum echten Pfeffer besteht, hatte sich der Ausdruck „Pepper" bereits etabliert.

Die Sortenvielfalt der Gewürzpaprika wird auf 500 geschätzt.

Der Artbegriff Capsicum, den Carl von Linné festlegte, leitet sich entweder vom griechischen Wort „kapto" (beißen) oder vom lateinischen „capsa" (Kapsel) ab.

Die Sortenvielfalt der Kategorie Gewürzpaprika ist ebenfalls unüberschaubar. Allen gemeinsam ist der Inhaltsstoff Capsaicin, der über 1,5 % ausmachen kann – solche Chilis sind höllisch scharf.

Schärfeskala für Gewürzpaprika
(nach Dave De Witt)

Schärfegrad	Scoville-Einheiten	Paprikasorte
0	0 – 100	Gemüsepaprika-Sorten
1	100 – 500	Peperoni, Cherry Sweet
2	500 – 1000	Anaheim (California, New Mexican), Peperoni
3	1000 – 1500	Ancho, Cherry Hot
4	1500 – 2500	Dolmalik (Poblano), Cascabel
5	2500 – 5000	Jalapeno, Aji Amarillo, Rio Grande
6	5000 – 15 000	Serrano, Chipotle, Dutch Red
7	15 000 – 30 000	Aji Norteno, Aji Limo, De Arbol
8	30 000 – 50 000	Cayenne, Tabasco, Piri-Piri
9	50 000 – 100 000	Thai, Chiltepin, Rocoto
10	100 000 – 300 000	Habanero, Scotch Bonnet, Datil

Der Pharma-Wissenschaftler Wilbur Scoville entwickelte eine Schärfeskala zu dem 1912 erforschten Meßverfahren, anhand dessen die Schärfe der einzelnen Sorten ermittelt werden kann. Dazu mußte die Mehrheit der Testpersonen darin übereinstimmen, in wie starker Wasserverdünnung die Schärfe des untersuchten Gewürzpaprikas noch spürbar ist. Die danach erstellte Scoville-Skala reicht von 0 für Gemüsepaprika bis 300 000 für die Habanero-Sorten. Inzwischen gibt es Züchtungen wie Red Savina, die über 570 000 Einheiten erreichen.

Das für die Schärfe verantwortliche Capsaicin in Reinform mißt 15 000 000 Scoville-Einheiten.

Heute läßt sich die Schärfe jeder Sorte mit exakten technischen Meßverfahren bestimmen, das subjektive Empfinden der Testpersonen ist damit ausgeschaltet. Die

Schärfeangaben zu den einzelnen Sorten geben grobe Anhaltspunkte, in welche „Schote“ man beißen kann, ohne daß sie zurückbeißt. Allerdings können die einzelnen Früchte einer Sorte deutlich in ihrer Schärfe variieren, selbst wenn sie von derselben Pflanze stammen.

Zierpaprika – zum Essen zu schade

Paprika als attraktive Zimmerpflanze – die Züchtung macht's möglich. Es gibt allerdings auch unter den Wildformen und Kultursorten Vertreter, die so hübsch aussehen, daß sie sich als attraktiver Blickfang im Wohnzimmer oder auf Balkon und Terrasse eignen.

Die speziell als Zierform gezüchteten Sorten bleiben meist kleiner als die Nutzpflanzen, vielfach wachsen sie nur 20 bis 30 cm hoch. Die verfügbaren Zierformen stammen aus den Hauptarten Capsicum annuum und Capsicum frutescens. Die zierenden Früchte stehen fast durchweg nach oben.

Regenbogenfarben

„Ornamental peppers“ ist eine der Bezeichnungen für Zierpaprika in den USA.

In Amerika heißen Zierpaprika auch „Christmas peppers“. Die Bezeichnung „Weihnachtspaprika“ stammt noch aus der Zeit, als diese Zierformen nur um die Weihnachtszeit verfügbar waren und die Früchte auch lediglich die Weihnachtsfarben Grün und Rot aufwiesen. Heute gibt es Zierpaprika ganzjährig, und die Früchte leuchten in allen Farben des Regenbogens, teilweise sogar an einer Pflanze.

Gehandelt werden Zierpaprika in zwei Formen: als Schnittpaprika, das sind 50 bis 80 cm lange Stiele mit einer Vielzahl länglicher, aufrecht stehender Früchte. Sie dienen als aparter Vasenschmuck. Die zweite Handelsform sind Topfpflanzen.

Auch wenn Zierpaprika nicht giftig ist – ihnen fehlt meist nur das ausgeprägte Aroma –, sollte man die Früchte von gekauften Zierzweigen und Zierpaprika im Topf nicht essen. Der Zierpflanzen-Anbau unterliegt nicht den Lebensmittel-Verordnungen, es sind Pflanzenschutzmittel zugelassen, die den Verzehr damit behandelter Pflanzen bedenklich erscheinen lassen.

Sortenvielfalt

Zierpaprikazweige oder Topfpflanzen sind teuer und meist nur in einer oder ganz wenigen Sorten verfügbar. Da sich Paprika leicht aus Samen ziehen läßt, kann man selbst versuchen, einige Pflanzen anzuziehen. Der Samenhandel stellt einige Sorten zur Verfügung, darunter Triton, 25 cm hoch mit rot abreifenden Früchten, ferner Holiday Cheer, 20 cm hoch mit zunächst cremefarbenen, später von Gelb bis Leuchtendrot ausfärbenden kugeligen Früchten und schließlich Red Missile mit kegelförmigen, von Creme nach Rot abreifenden Früchten.

In Amerika gibt es eine Vielzahl an Zierpaprika-Sorten, deren Fruchtformen und -farben stark variieren. Kugelrund sind die Früchte von Marbles, Black Cuban, Amethyst und Bouquet, eher kegelförmig wirken Black Prince, Kalia, NuMex Twilight und Sweet Pickle. Schmal und lang präsentieren sich Poinsettia, Fiesta und Chi-chien. Besonders interessant ist das Farbenspiel von NuMex Twilight: An einer Pflanze finden sich unreife Früchte in Purpurrot und Gelb sowie reife Früchte in den Farben Orange und Rot. Black Cuban und Black Prince färben von Schwarz nach Rot, bieten also ebenfalls interessante Farbnuancen.

Es ist möglich, aus den Samen frischer Paprikafrüchte sortenechte Pflanzen heranzuziehen. Auf diese Weise lassen sich einmal erworbene Zierpaprika weitervermehren und aus dem Ausland mitgebrachte „Schoten" zu Pflanzen heranzuziehen. Die portugiesische Sorte Piri-Piri eignet sich zum Beispiel ideal als Zierpflanze.

Gefährliche Verwechslung

Achtung, die Beeren des Korallenbäumchens sind giftig!

Der **Korallenstrauch** (Solanum capsicastrum), teilweise auch unter dem Namen Korallenbäumchen geläufig, stammt wie Zierpaprika aus der Familie der Nachtschattengewächse. Die kleinen, rundlichen Beeren, die ebenfalls von Grün über Orange nach Rot abreifen, sehen den Früchten der Zierpaprika-Sorten Holiday Cheer und Marples ähnlich. Während die kugeligen Zierpaprika-Früchte lediglich fad schmecken, sind die leuchtenden Beeren des Korallenstrauches giftig!

Paprikasorten in Wort und Bild

Gemüsepaprika, also die capsaicinfreien, meist blockförmigen Paprikafrüchte, gibt es im Handel in verschiedenen Farben, nicht aber als definierte Sorte zu kaufen.

Gemüsepaprika wird allenfalls in bestimmte Formengruppen gegliedert. Bei Gewürzpaprika dagegen kann es durchaus sinnvoll sein, die Sorte zu kennen, denn zwischen einer relativ milden Peperoni und den höllisch scharfen Habaneros liegen „Welten" – ungeübte Chili-Esser sollten scharfe Sorten zunächst meiden und sich ganz langsam an höhere Schärfegrade herantasten.

Der erwerbsmäßige Paprikaanbau hat in Deutschland zwar keinen hohen Stellenwert, dennoch führt das Bundessortenamt Hannover auch Gemüse- und Gewürzpaprika in der Beschreibenden Sortenliste für Fruchtgemüse. Das Bundessortenamt unterscheidet dabei die Fruchtformen flachrund, rund, blockig, schmal dreieckig, dreieckig, herzförmig und trapezförmig. Weitere Sortenunterschiede bestehen beim Reifezeitpunkt, in bezug auf die Fruchtfleischdicke, die Art der Ausfärbung bei Vollreife und die Ertragshöhe. Typische Sortenvertreter der verschiedenen Formengruppen werden kurz charakterisiert.

Holländischer Paprika, violett

Gemüsepaprika

▶ Ariane

Fruchtfarbe: von Mittelgrün nach Orange abreifend
Fruchtform: typischer Blockpaprika mit drei bis vier Kammern, mit 110 g Fruchtgewicht großfrüchtig
Fruchtfleisch: mitteldickes Fruchtfleisch, sehr mild
Ernte: Erntereife früh bis mittelfrüh

Holländischer Paprika, rot

▶ Brupa

Fruchtfarbe: unreif Grün, bei Vollreife Braun
Fruchtform: gleichmäßig blockig, groß bei einem durchschnittlichen Fruchtgewicht von 115 g
Fruchtfleisch: kräftig und dick, sehr mild
Ernte: mittlerer Reifezustand und relativ hohe Erträge

▶ Feher

Fruchtfarbe: in unreifem Zustand Hellgelb, bei Vollreife intensiv Rot
Fruchtform: klassische Herzform, mit 70 g Fruchtgewicht mittelgroß
Fruchtfleisch: mitteldick, mild-aromatisch
Ernte: Die Reifegruppe wird als früh bis mittelfrüh eingestuft. Die Sorte bringt gute Erträge.

Holländischer Paprika, grün

▶ Golden Hit

Synonym: Goldstar
Fruchtfarbe: Abreife von Dunkelgrün nach kräftig Gelb
Fruchtform: typischer Blockpaprika mit sehr großen, über 120 g schweren Früchten

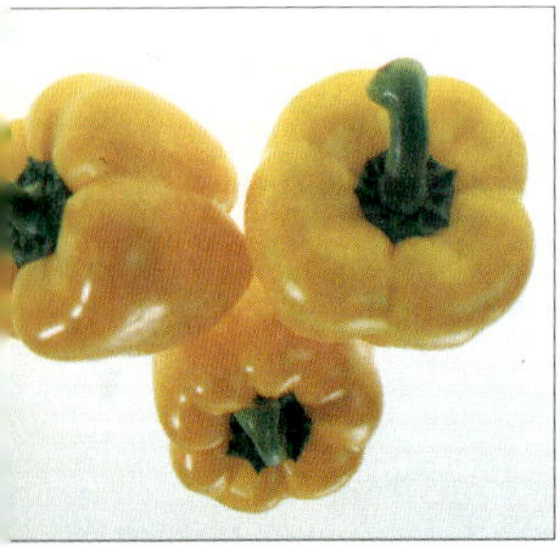

Holländischer Paprika, gelb

Fruchtfleisch: kräftig-dickes Fruchtfleisch, sehr mild
Ernte: mittlere Reifezeit, ertragreich

▶ Maritza

Fruchtfarbe: zunächst Mittelgrün, bei Vollreife Rot
Fruchtform: Die mittelgroßen Früchte haben eine schön ausgeprägte Herzform.
Fruchtfleisch: mitteldickes, mild-aromatisches Fruchtfleisch
Ernte: Die Sorte reift früh und eignet sich gut für das Freiland.

Holländischer Paprika, orange

▶ Mavras

Fruchtfarbe: im unreifen Zustand Dunkelviolett, bei Vollreife kräftig Rot
Fruchtform: trapezförmig, mittelgroße, im Durchschnitt 110 g schwere Früchte
Fruchtfleisch: mitteldicke Wände, sehr mild
Ernte: Die Früchte reifen mittelspät bis spät, der Ertrag ist hoch.

Holländischer Paprika, weiß

▶ Sweet Banana

Fruchtfarbe: unreif zunächst Hellgrün, im reifen Zustand intensiv Rot
Fruchtform: Der Name „Banana" entspricht zwar nicht der Fruchtfarbe, wohl aber der Form: Die Sorte hat schmale Früchte in langgezogener, leicht abgebogener Dreiecksform.
Fruchtfleisch: Eher dünnes Fruchtfleisch, entsprechend leicht sind die relativ kleinen Früchte mit 40 g durchschnittlichem Fruchtgewicht.
Ernte: Die Sorte zählt zur mittleren Reifegruppe und trägt enorm viele Früchte.

Tomatenpaprika

Ungarischer Paprika, spitz

▶ **Topboy**

Fruchtfarbe: Abreife von Mittelgrün nach Gelb
Fruchtform: Deutlich breiter als lang, typisch flachrund, die Früchte wiegen durchschnittlich 100 g.
Fruchtfleisch: Die aromatisch-süßen, sehr milden Früchte haben dickes bis sehr dickes Fleisch.
Ernte: Topboy ist eine spätreife Sorte mit recht hohen Erträgen.

Tomatenpaprika

Neben Gemüse- und Gewürzpaprika wird teilweise als dritter Paprikatyp der Tomatenpaprika geführt. Es ist eine vor über 100 Jahren in Ungarn selektierte Abart, die man zunächst für eine Kreuzung zwischen Gemüsepaprika und Tomate hielt. Tomatenpaprika wird inzwischen jedoch eindeutig als Sonderform der Kategorie Gemüsepaprika zugerechnet.

Die zum Stiel hin stark gerippten und an der Unterseite deutlich vierkantigen Früchte sind flachrund, also um einiges breiter als lang. Die sehr fleischigen Fruchtwände schmecken aromatischer und leicht schärfer als bei den anderen Gemüsepaprika-Sorten, sind zugleich aber angenehm süß. Tomatenpaprika-Sorten finden sich vorwiegend in Ungarn, Rumänien und Italien. Tomatenpaprika gilt als ausgesprochenes Frischgemüse, da er gekocht viel von seinem Aroma verliert.

▶ Topgirl

Fruchtfarbe: zunächst Gelblichgrün, bei Vollreife Leuchtendrot
Fruchtform: flachrunde bis runde, mit 70 g vergleichsweise kleine Früchte
Fruchtfleisch: dickes, aromatisch-süßes, sehr mildes Fruchtfleisch
Ernte: frühreife Sorte mit durchschnittlichen Erträgen

Gewürzpaprika

▶ Anaheim

Synonyme: New Mexican, California
Fruchtfarbe: unreif Grün, bei Vollreife Rot
Fruchtform: Dreieckig, die Kelchbasis ist deutlich breiter als das spitz zulaufende untere Ende. Die Früchte werden bis zu 20 cm lang und haben wie Gemüsepaprika große Hohlräume.
Fruchtfleisch: im Vergleich zu Blockpaprika deutlich dünnwandiger, aber dicker als bei vielen Gewürzpaprika-Sorten
Schärfe: leicht scharf, Schärfegrad (0 bis 10) gemäß Scoville-Einheiten zwischen 2 und 3
Bemerkungen: Anaheim wird in New Mexico seit über 300 Jahren kultiviert. Die großblättrigen Pflanzen blühen früh, die Fruchtfarbe schlägt erst sehr spät nach Rot um.

Anaheim-Gewürzpaprika

▶ Cayenne

Selektionen: Large Thick Cayenne, Long Thin Cayenne, Caroline Cayenne, Super Cayenne
Fruchtfarbe: von Grün sehr früh nach kräftig Rot umschlagend

Fruchtform: schlanke, langgezogene Früchte, teilweise leicht bananenförmig gebogen, bis zu 20 cm lang
Fruchtfleisch: Überaus dünnwandig, ideal zum Trocknen. Cayenne schmeckt leicht rauchig und etwas bitter.
Schärfe: sehr scharf, Schärfegrad (0 bis 10) um 8
Bemerkungen: Die Sorte war bereits vor Kolumbus' Amerikareise im Anbau. Es gibt zahlreiche Varianten dieser buschigen, sehr kleinblättrigen Pflanze.

Cayenne

▶ Dolmalik

Synonym: Poblano, Ancho (getrocknet)
Fruchtfarbe: vor der Vollreife kräftig Dunkelgrün, dann Dunkelrot bis Dunkelbraun
Fruchtform: Die Früchte entsprechen einem langgezogenen Dreieck von über 10 cm Länge und bis zu 7 cm Durchmesser, teilweise mit leicht gebogener Spitze
Fruchtfleisch: Für Gewürzpaprika relativ feste Fruchtwände, sogar zum Füllen geeignet. Fruchtig-süßer Geschmack.
Schärfe: nur leicht scharf, gemäß Schärfeskala (0 bis 10) Schärfegrad 3
Bemerkungen: Die Sorte ist vielfach in türkischen Lebensmittelgeschäften erhältlich. Die buschig wachsende Pflanze hat große Blätter, die Früchte eignen sich auch zum Trocknen.

Dolmalik

▶ Dutch Red

Synonym: Holland-Chili
Fruchtfarbe: unreif intensiv Dunkelgrün, bei Vollreife Leuchtendrot
Fruchtform: Die gut 10 cm langen, schlanken, vielfach säbelartig gebogenen Früchte ähneln im Aussehen den etwas längeren Cayenne-Früchten.

Dutch Red, rot

Fruchtfleisch: Die Fruchtwände sind deutlich dicker als bei Cayenne, das Fleisch schmeckt lieblicher.
Schärfe: mit einem Schärfegrad (0 bis 10) von 6 als „scharf" eingestuft, aber etwas milder als Cayenne
Bemerkungen: Dutch Red wird an vielen Märkten frisch gehandelt und eignet sich für alle pikanten Gerichte. Die Sorte läßt sich im Gegensatz zu Cayenne gut einfrieren.

Dutch Red, grün

▶ Habanero

Art: Capsicum chinense
Fruchtfarbe: Die zunächst grünen Früchte reifen je nach Typ Gelb, Orange oder Rot ab.
Fruchtform: Wie bei der Farbe gibt es verschiedene Varianten, meist herzförmig oder rundlich.
Fruchtfleisch: saftig, aber nicht besonders dickfleischig mit tropisch-fruchtigem, leicht rauchigem Geschmack
Schärfe: Habanero gilt mit dem höchsten Schärfegrad (10) als schärfste Gewürzpaprika-Sorte, gut 50mal schärfer als die bereits als scharf eingestufte Sorte Jalapeno.
Bemerkungen: Die höllisch scharfen Früchte lassen sich gut trocknen und mahlen. Vorsicht im Umgang! Nur mit Handschuhen bearbeiten, den Staub beim Zerkleinern getrockneter Früchte keinesfalls einatmen!
Alles, was mit Habaneros in Berührung kommt – Messer, Geschirr, Unterlagen – gründlich abspülen.

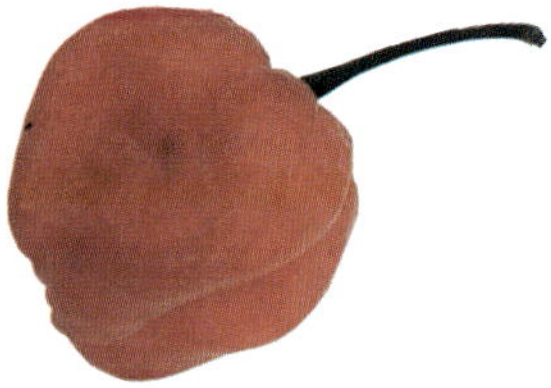

Habanero

▶ Jalapeno

Milde Variante: Tam Jalapeno
Fruchtfarbe: zunächst Dunkelgrün, sehr später Farbumschlag nach Leuchtendrot
Fruchtform: sich leicht verjüngende Walzenform, stumpfes, manchmal leicht gekrümmtes Ende, nur 7 cm lang

Fruchtfleisch: Die Wände sind nicht allzudünn, das Fleisch schmeckt angenehm aromatisch. Die Sorte ist auch zum Füllen beliebt.
Schärfe: Die laut Schärfeskala bei 6 eingestuften Früchte sind gerade noch erträglich scharf. Die Variante Tam Jalapeno ist deutlich milder.
Bemerkungen: Jalapeno zählt in Amerika zu den beliebtesten Gewürzpaprika-Sorten und ist in Deutschland, vielerorts in Essig eingelegt, erhältlich. Durch Räuchern getrocknete Früchte dieser Sorte werden als „chipotle" bezeichnet und als Pulver, in Dosen als Trockenfrüchte oder als spezielle Soßen gehandelt.

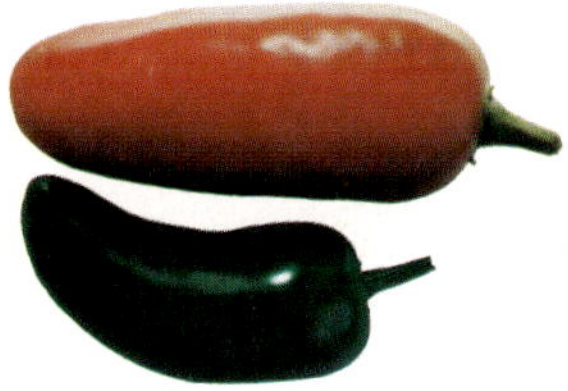

Jalapeno

▶ Peperoncini

Gelbfrüchtige Variante: Golden Greek
Fruchtfarbe: Sorte wird immer gelblichgrün geerntet.
Fruchtform: ähnlich wie bei Cayenne, mit 20 cm auch gleich lang: sehr schlank, spitz zulaufend, leicht bogenförmig
Fruchtfleisch: deutlich dickere Wände als bei Cayenne, mild-fruchtiger Geschmack
Schärfe: mit Schärfegrad 1 bis maximal 2 sehr milde Gewürzpaprika-Sorte, deshalb mit Samen und Scheidewänden eßbar.
Bemerkungen: In Italien gezüchtet, auf vielen Märkten frisch erhältlich, wird überall eingelegt im Glas oder eingeschweißt angeboten. Ideal auf Pizza, im Salat, mit anderem Gemüse – oder frisch zum belegten Brot.

Peperoncine

▶ Peperoni

Synonym: Peperone
Fruchtfarbe: zunächst kräftig Dunkelgrün, bei Vollreife intensiv rot gefärbt.

Peperone

Fruchtform: Ähnlich wie Cayenne, also recht lang (20 cm) und schmal. Die Peperonifrucht läuft sehr spitz zu, ist meist deutlich gekrümmt und hat vielfach eine unebene Oberfläche.
Fruchtfleisch: dickwandiger als bei Cayenne, würziger Geschmack
Schärfe: etwas schärfer als Peperoncini, dennoch mit 2 bis 3 Schärfegraden nur als „leicht scharf" eingestuft
Bemerkungen: Idealer Pizzabelag – Scheidewände und Samen müssen nicht entfernt werden. Verwendbar wie Peperoncini.

▶ Scotch Bonnet

Art: Capsicum chinense
Fruchtfarbe: vor der Vollreife Grün, dann kräftig Gelb bis leicht Orange
Fruchtform: Rund bis rundoval mit zahlreichen tiefen Furchen, nur etwa 5 cm groß – die Form hat der Sorte den Namen gegeben: Scotch Bonnet = Schottenhaube.
Fruchtfleisch: nicht sehr dickfleischig, aber recht saftig mit sehr exotisch-fruchtigem Geschmack
Schärfe: Mit 10 der höchste Schärfegrad, also höllisch scharf. Beim Verarbeiten gelten die für die ebenfalls mit 10 bewertete Sorte Habanero empfohlenen Verhaltensregeln.
Bemerkungen: Feuer und tropisches Flair verbreitet die Sorte Scotch Bonnet in jedem Gericht.

Scotch Bonnet

▶ Tabasco

Art: Capsicum frutescens
Fruchtfarbe: anfangs Wachsgelb, bei Vollreife Feuerrot.
Fruchtform: sehr kleine, längliche Kegel mit eher rundem Fruchtende

Fruchtfleisch: nicht übermäßig dünnwandig, würziger Geschmack
Schärfe: Gemäß Schärfeskala (0 bis 10) steht Tabasco auf Stufe 8, ist also wie Cayenne sehr scharf.
Bemerkungen: Die Früchte stehen an den buschigen, bis zu 150 cm hoch wachsenden Pflanzen senkrecht nach oben. Diese Sorte erlangte Weltberühmtheit durch die gleichnamige Gewürzsoße, die vor knapp 130 Jahren in den USA patentiert wurde.

Sortiment von Gewürzpaprika

Vom richtigen Umgang mit Paprika

Paprika ist ein allgegewärtiges Gemüse, das sich in der Küche leicht handhaben läßt. Die scharfen Sorten sind weniger verbreitet - wer aber einige Tips beachtet, wird auch mit ihnen schnell vertraut. Da es im Handel nur wenige Papriksorten gibt, müssen Liebhaber von Spezialitäten bei bei besonderen Gelegenheiten größere Mengen einkaufen oder diese Spezialitäten auf dem Balkon oder im Garten selbst kultivieren. Deshalb folgen einige Anregungen zum Einkauf, Anbau, Konservieren und Zubereiten.

Gemüsepaprika gibt es in jedem Supermarkt. Wer auf aromatische Sorten Wert legt oder gar spezielle Gewürzpaprika-Sorten sucht, ist auf gute Großmärkte oder breit sortierte Gemüsegeschäfte angewiesen. Aber auch hier sind ausgefallenere Sorten schwierig zu beschaffen. Dann bleibt nur der Weg über die Eigenanzucht im Topf – es sei denn, man hat Freunde in ausgesprochenen Paprikaländern oder verbringt selbst den Urlaub in einer Paprikaregion – in Amerika, Indien, Italien, Spanien, Portugal oder Ungarn.

Paprika einkaufen

Grüner Gemüsepaprika wird vorzeitig geerntet. Verbleiben die Früchte länger an der Pflanze, färben sie sich rot, orange oder gelb.

In kaum einem Supermarkt oder Lebensmittelgeschäft fehlt Gemüsepaprika in der Frischeabteilung für Obst und Gemüse. Er ist genauso allgegenwärtig wie Tomaten, Karotten und Äpfel. Es handelt sich bei diesem „Massengemüse“ fast durchweg um Blockpaprika aus Spanien oder den Niederlanden. Die Hauptmenge geht in Form von „Mix-Paprika“ über die Theke, also drei bis fünf Paprikafrüchte unterschiedlicher Farbe, abgepackt in Netzen oder Folienbeuteln.

Unter dem losen Paprika, der in größeren Kartons oder Steigen angeboten wird, dominiert der rote Blockpaprika, es finden sich aber auch grüne, gelbe und orange Früchte. Dieser fleischige Blockpaprika eignet sich als Beilage zum Vesper, für Salate, Mixgemüse und zum Füllen. Rote, gelbe und orange Früchte schmecken etwas süßer als der herbere grüne Gemüsepaprika, der vorzeitig geerntet wird.

Feinere Geschmacksnuancen und ausgeprägtere Aromen liefern die in speziellen Gemüsegeschäften angebotenen Paprikasorten. Vor allem türkische, aber auch italienische Lebensmittelgeschäfte verbessern in unseren Städten das Angebot an hochwertigem Frischobst und -gemüse. Hier finden sich Paprikaformen und -farben, die dem Konsumenten von herkömmlichem Blockpaprika gänzlich unvertraut sind und vielleicht sogar die Assoziation wecken: „Vorsicht, scharf!“ Aber auch diese weißlichen, hellgelben und blaßgrünen Früchte in Trapez-, Herz-, Dreiecks- oder langgezogener Schotenform sind weitgehend capsaicinfrei, zählen also zur Kategorie Gemüsepaprika und schmecken ähnlich süß wie Blockpaprika. Der Unterschied besteht im ausgeprägteren Aroma und in den dünneren Fruchtfleischwänden.

Bei solchen gutsortierten Obst- und Gemüseläden findet sich auch am ehesten der aromatisch-süße Tomatenpaprika und natürlich mindestens eine Peppersorte, meist in Rot und Grün. Manche Geschäfte führen sogar mehrere solcher scharfen Gewürzpaprika-Sorten.

In jedem Fall fündig in bezug auf ausgefallene Gemüse- und Gewürzpaprika-Varianten wird man auf Märkten, die auch die Gastronomie beliefern. Allerdings gibt es diese Spezialitätenmärkte meist nur in größeren Städten. Ein Beispiel ist die Markthalle in Stuttgart. Hier kann man sich auch mit frischen Paprikaspezialitäten bevorraten, vorausgesetzt, die wichtigsten Grundregeln für das Lagern und Konservieren sind einem bekannt.

Am besten, man besorgt sich ausgefallenere Paprikasorten wie Tomatenpaprika in Großmärkten für die Gastronomie.

In bereits haltbar gemachter Form ist das Angebot an verschiedenen Paprikasorten in den letzten Jahren deutlich gestiegen, vor allem im Bereich des pikanten Gewürzpaprikas. Die Spezialitätenabteilung größerer Lebensmittelgeschäfte hat oftmals neben eingelegten Peperoni auch die schärferen Jalapenos, vereinzelt sogar die sehr scharfen Cayenneschoten und seltener die höllisch scharfen Habaneros im Programm.

Paprika selbst ziehen

Wie Tomaten und Auberginen gehören Paprika zu den wärmeliebenden Gemüsearten. Rechtzeitig angezogen reifen aber selbst die sehr sonnenhungrigen südamerikanischen und karibischen Gewürzpaprika-Sorten bei uns aus und entwickeln sogar erstaunliche Schärfegrade. Paprikapflanzen haben mit ihren glänzendgrünen Blättern, den über einen langen Zeitraum erscheinenden weißen Blüten und den vielfarbigen Früchten einen hohen Zierwert – warum also nicht Paprika anstelle von Petunien oder Buschmargeriten auf dem Balkon ziehen?

Das Saatgut

Will man ganz sichergehen, daß die Paprikafrüchte ausreifen, sollte das Aussäen der Samen bereits Anfang März geschehen. Hat man kein eigenes Saatgut aus frischen „Schoten“ interessanter Sorten gewonnen, halten Gartencenter und der Saatgutversand eine – wenn auch bescheidene – Auswahl bereit.

Gut sortiert ist der Biosamen-Produzent Ferme de Sainte Marthe. Daneben bieten auch die Saatguthersteller Flora-Frey, Kiepenkerl, Juliwa und Sperli Paprikasamen an.

Gärtnereien, gute Gartencenter und teilweise auch türkische Lebensmittelhändler bieten zur Pflanzzeit im Mai ein von Jahr zu Jahr umfangreicheres Sortiment an Paprika-Jungpflanzen im Topf an. Auf diese Weise lassen sich fast ein Dutzend verschiedene Sorten erstehen.

Die Aussaat

Auch wer weder Hobbygärtner noch versierter Pflanzenkenner ist, sollte sich nicht scheuen, Jungpflanzen aus Samen selbst zu ziehen. Es gibt nur wenige Grundregeln zu beachten:

Tip: Saatgut aus frischem Paprika

- Gut reife, aber noch nicht schrumpelige Früchte werden aufgeschnitten und die Samen auf ein Stück Küchenpapier zum Trocknen ausgebreitet. Es sollte keinerlei Fruchtfleisch anhaften. Da die Keimfähigkeit leidet, wenn zu hohe Temperaturen einwirken, empfiehlt es sich, die Samen nicht in der direkten Sonne zu trocknen.
- Getrocknetes Saatgut sollte man zum Nachtrocknen zunächst 14 Tage in einer kleinen Papiertüte oder einem Briefumschlag aufbewahren und erst dann bis zur Aussaat luftdicht verschlossen und möglichst kühl, aber nicht unter 0 °C lagern. Beschriften nicht vergessen! Die Samen bleiben gut zwei Jahre keimfähig. Übrigens: In Form von Samen lassen sich auch interessante Sorten aus dem Urlaub mitnehmen.

- Zwischen Aussaat und Keimung vergehen bei Paprika meist zwei bis drei Wochen, also nicht ungeduldig werden.
- In dieser Zeit sollten es die Aussaatbehälter gut 20 °C warm haben. Bei noch höheren Temperaturen bis maximal 30 °C zeigen sich schon nach zehn Tagen die ersten Blattspitzen. Vorsicht, Fensterbänke sind oft zu kalte und zu zugige Plätze, also hier möglichst ein Holz oder Styroporstück unter das Anzuchtgefäß legen.
- Neben der Temperatur entscheidet die richtige Feuchtigkeit über den Keimerfolg: Lüften Sie daher gut und halten Sie das Keimgut gleichmäßig feucht! Im zu

Samen keimen am besten in fertiger Anzuchterde, da sie viel Humus, aber wenig Dünger enthält.

kühlen Raum und bei zuwenig Luftaustausch zeigen sich leicht Schimmelpilze.

- Der dritte Faktor für das erfolgreiche Aussäen ist die Nährstoffversorgung. Bis die Samen gekeimt und die Pflänzchen etwa 5 cm hoch sind, benötigen sie nur sehr wenig Nährstoffe. Also bis dahin nicht düngen und möglichst die von Natur aus magere Anzuchterde verwenden.
- Sobald sich das erste Grün zeigt, gewinnt ein weiterer Wachstumsfaktor an Bedeutung und entscheidet über den weiteren Erfolg: das Licht. Ausreichend Helligkeit bieten nur sonnige Südfenster, ansonsten „vergeilen" die Pflanzen, das heißt, sie bilden sehr lange, viel zu dünne Stengel aus und knicken leicht um.

Die Pflanzenpflege

Drei Wochen nach dem Keimen haben sich bei den kleinen Paprikapflänzchen bereits zwei bis drei Blattpaare gebildet.

Sind die Samen erfolgreich gekeimt, gilt es, die kleinen, nun allmählich nährstoffhungrigen Pflänzchen zu kräftigen Paprika-Produzenten zu erziehen. Dazu werden sie drei Wochen nach dem Keimen in nährstoffreiche Blumenerde verpflanzt. Sind es nur wenige Pflanzen, kann man sie bereits in das endgültige Pflanzgefäß setzen: einen Balkonkasten mit je drei Pflanzen pro Meter Kastenlänge oder Einzeltöpfe von 20 cm Durchmesser.

Ins Freiland gehören Paprika zu dieser Jahreszeit noch nicht. Sofern also geplant ist, die Paprikapflanzen nicht das ganze Jahr über auf Balkon oder Terrasse zu behalten, sondern sie im Garten unterzubringen, empfiehlt es sich, sie aus der Anzuchterde in kleine Töpfe von 8 bis 10 cm Durchmesser zu verpflanzen. Diese Topfgröße reicht aus, bis im Freiland nach den Eisheiligen Mitte Mai keine Frostgefahr mehr besteht.

◀ *Der junge Paprika wächst bald nach der Befruchtung heran.*

Paprikablüte

Um sich das lästige, kontinuierliche Nachdüngen zu ersparen, setzt man die Jungpflanzen entweder in Blumenerde, die mit Langzeitdünger versorgt ist, oder man mischt einen in jedem Gartenhandel erhältlichen Langzeitdünger unter die Erde. Dies ist im Balkonkasten und gleichfalls im Garten möglich. Dort sind die Pflanzen für eine zusätzliche Kompostabdeckung dankbar.

Die richtige Paprikaernte

- Rechtzeitiges Ernten begünstigt nachwachsende Früchte. Allerdings sind grün geerntete Früchte herber oder schärfer und weniger süß als vollreife. Zudem enthalten sie weniger an wertvollen Inhaltsstoffen wie Vitamine und sekundäre Pflanzenstoffe.
- Die Fruchtstiele sollte man mit einem scharfen Messer oder einer Schere abtrennen. Beim Abbrechen ist die Verletzungsgefahr für die Pflanze zu groß.

Paprikapflanzen sind noch kälteempfindlicher als Tomaten, also Temperaturen unter 2–3 °C meiden!

Auf dem Balkon und im Garten gilt: Der sonnigste Platz ist für Paprika der beste, also möglichst eine windgeschützte Südlage wählen. Lieber Paprika im Container an die Südwand stellen, als ihnen einen halbschattigen Platz im Garten anbieten! Den besten Erfolg erzielt man im Gewächshaus, aber auch ohne diesen Aufwand sind – Südlage vorausgesetzt – gute Ernten möglich.

Paprika aufbewahren

In die Situation, Paprika über einen längeren Zeitraum aufbewahren zu müssen, kommt nur, wer auf dem Balkon oder im Garten reichlich ernten konnte – allenfalls noch, wer einen Großeinkauf an besonderen Sorten auf einem weit abgelegenen Markt tätigte. Frische Früchte lassen sich lose im Gemüsefach gut eine Woche halten. Unter Vakuum in Folie oder in Dosen, mit denen sich ein gewisser Unterdruck herstellen läßt, verlängert sich die Lagerzeit im Kühlschrank auf drei Wochen.

Über diesen recht kurzen Aufbewahrungszeitraum hinaus muß man Paprika konservieren – je nach Verfahren sind die Früchte bis zu einem Jahr und länger haltbar. Allerdings verändern sich durch die verschiedenen Konservierungsmethoden Geschmack, Aussehen und natürlich auch der Gehalt an Inhaltsstoffen. Auf den folgenden Seiten werden die Möglichkeiten, Paprika haltbar zu machen, vorgestellt.

Einfrieren

Schnell und effektiv ist das Einfrieren von Paprikafrüchten. Diese Methode empfiehlt sich für den dickfleischigen Gemüsepaprika, aber auch dünnerfleischige Gewürzpaprika-Sorten eignen sich zum Einfrieren.

Die Vorbereitung ist äußerst einfach: Frische, gesunde Früchte werden gewaschen, halbiert und von Stiel, Kelch und Samen befreit. Ohne Blanchieren kann man nun die Hälften in Gefrierbeuteln verstauen oder zuvor noch in kleinere Stücke bzw. feine Streifen schneiden.

Der kleinere Gewürzpaprika läßt sich als Ganzes einfrieren. Scharfe Sorten, die ohne Samen und Scheidewände weiterverwertet werden, sollte man vor dem Einfrieren aufbereiten. Nach dem Auftauen sind sie weicher und entsprechend schlechter aufzuschneiden als in frischer Form.

Tiefgefrorener Paprika läßt sich gut zehn Monate aufbewahren. Der im Gewürzpaprika enthaltene Scharfmacher Capsaicin ist temperaturstabil, wird also weder durch

Kleingeschnittener Paprika läßt sich einfacher portionsweise dem Gefrierfach entnehmen, wenn er beim Einfrieren locker auf einem Kuchenblech oder Tablett ausgebreitet einige Stunden gefrostet wurde, ehe man die Stücke in Gefrierbeutel oder Dosen abfüllt.

Hitze noch durch Frost zerstört. Allerdings verteilt sich das vorwiegend in den Scheidewänden und Samen enthaltene Capsaicin beim Gefrierprozeß auch im Fruchtfleisch, die Schoten wirken schärfer. Deshalb empfiehlt es sich, sehr scharfe Gewürzpaprika-Sorten vor dem Einfrieren von den Scheidewänden und Samen zu befreien.

Natürlich lassen sich auch bereits zubereitete Paprikagerichte wie mit Hackfleisch oder vegetarisch gefüllter Paprika einfrieren, sie sollten allerdings nicht länger als drei Monate im Gefrierfach bleiben.

Sterilisieren

Sterilisieren bedeutet Langzeiterhitzen von Lebensmitteln unter Luftabschluß.

Fast alle Gemüsearten, darunter auch der Paprika, lassen sich weitaus schwieriger haltbar machen durch Sterilisieren als unser heimisches Obst. Früchte und Gemüse haben zwar einen ähnlichen Wasser- und Säuregehalt. Da die Säuren im Gemüse – ausgenommen Rhabarber und Tomate – als Salze gebunden vorliegen, hat Gemüse einen pH-Wert von 5,5 bis 6,5, also deutlich höher als bei Obst. Das Gemüse schmeckt entsprechend weniger sauer, läßt sich dafür aber nicht so gut sterilisieren. Längere Zeiten und höhere Temperaturen sind erforderlich.

Paprika kann man mit Essig- oder Ölaufguß sterilisieren. Für den Essigaufguß werden die sorgfältig aufbereiteten Paprikastücke in sterile Einmachgläser geschichtet. Es sieht nicht nur hübsch aus, sondern verfeinert auch den Geschmack, wenn man einige Lorbeerblatt-Stücke, Dillsamen, Pfeffer-, Piment- und Senfkörner ins Glas gibt. Essigwasser besteht aus drei Teilen Wasser, zwei Teilen 5%igem Apfelessig und 30 g Salz je Liter Lösung. Dazu wird das Wasser aufgekocht, vom Herd genommen, dann Essig und Salz hinzugefügt und sofort in die Gläser gefüllt. Sterilisiert wird je nach Glasgröße: 20 Minuten bei bis zu 250 ml Inhalt bzw. 30 Minuten bei bis zu 500 ml Inhalt, und zwar im leicht siedenden Wasserbad.

Beim Einmachen in Öllösung ändert sich nur die Zusammensetzung des Aufgusses: Das sterile Einmachglas wird mit denselben Gewürzen und 2 EL Olivenöl befüllt, ehe man die Paprikastücke hineinschichtet. Für 1 l Aufguß erhitzt man 550 ml Wasser, 80 g Zucker und 25 g Salz, nimmt die kochende Lösung vom Herd und fügt 400 ml Apfelessig hinzu. Dann sofort in die Einmachgläser füllen und je nach Glasgröße 20 bis 30 Minuten sterilisieren.

Zum Sterilisieren mit einem Ölaufguß nimmt man Olivenöl.

Sterilisierter Paprika läßt sich an einem kühlen, möglichst dunklen Ort ein Jahr aufbewahren.

Einlegen

Etwas weniger aufwendig ist das Einlegen in hochprozentigen Alkohol oder reines Öl. Diese einfache Art des Konservierens schränkt aber die weiteren Anwendungsmöglichkeiten der so behandelten Paprikastücke ein, vor allem, wenn der Aufguß aus Alkohol besteht. Der Alkoholgehalt sollte mindestens 40 % betragen, um ein sicheres Konservieren zu gewährleisten.

Für das Einlegen in Öl müssen die Paprikafrüchte vorbehandelt sein: fünf Minuten aufkochen in Essiglösung (drei Teile Wasser, zwei Teile Apfelessig, etwas Salz). Die danach gut abgetropften Stücke in sterile Gläser füllen und komplett mit Olivenöl auffüllen, so daß aller Paprika bedeckt ist. Diese Ölkonserve sollte nur einige Monate aufbewahrt werden. Angebrochene Gläser gehören grundsätzlich in den Kühlschrank.

Trocknen

Einfach und effektiv ist das Trocknen von Paprika, vor allem bei dünnwandigen Sorten. Für die dickfleischigen Gemüsepaprika-Sorten empfehlen sich Dörrgeräte oder das Trocknen im Backofen bei 65 °C. Allerdings eignet sich für Gemüsepaprika das Einfrieren besser als das Dörren.

Diese Konservierungsart bietet sich vor allem für den sehr dünnwandigen Gewürzpaprika an. In ausgesprochenen Chili-Pepper-Regionen hängen die scharfen „Schoten“ aufgeflochten zu Zöpfen und Ketten an den Hauswänden. Diese als Ristras bezeichneten, überaus zierend wirkenden Pepperbündel trocknen im Klima der Chililänder innerhalb von vier bis fünf Wochen.

Weitaus schneller geht es im Backofen: Bei 50 °C genügen je nach Sorte und Menge sechs bis zehn Stunden. Energiesparender sind Dörrapparate oder gar der Kachelofen – sofern er im gewünschten Zeitraum in Betrieb ist.

Trocknen oder Dörren ist Konservieren durch Wasserentzug.

Wichtig ist, daß der gut trockene Paprika sofort in luftdicht verschließbare Gefäße kommt. Kühl und dunkel gelagert, hält er sich gut zwei Jahre. Allerdings sollte man sich vor dem Trocknen überlegen, wie man den getrockneten Paprika später einsetzen will, und gerade bei sehr scharfen Peppersorten vor dem Dörren die Samen und Scheidewände herausschneiden. Nachträgliches Entfernen ist zwar auch möglich, aber die Trocknungszeit verlängert sich unnötig, wenn man die „Innereien“ mittrocknet, obwohl man sie nicht weiterverwenden will.

Durch Trocknen konservierter Paprika läßt sich vielseitig einsetzen, die Inhaltsstoffe bleiben bei dieser schonenden Art des Haltbarmachens erhalten. Es ist nicht nur eine platz- und kostensparende Alternative zum Einfrieren, die trockenen, vielfarbigen Paprikastücke eignen sich – hübsch abgepackt – auch als nettes Mitbringsel.

Paprika in der Küche

Für jede der vielen Anwendungsmöglichkeiten von Paprika gibt es ein paar Hinweise, die den Umgang in der Küche erleichtern und helfen, Pannen wieder zu beheben.

Ein großer Teil getrockneter Chilischoten besteht aus Samen und Scheidewänden.

Paprika frisch zubereiten

Der Umgang mit Gemüsepaprika ist genauso vertraut wie der mit Gurken, Tomaten oder Möhren. Es gibt auch keine Besonderheiten, die man wissen muß, wie bei Auberginen, die erst richtig schmecken, wenn die Bitterstoffe mit Salz entzogen wurden. Äußerst unangenehme Erfahrungen bereitet einem dagegen Gewürzpaprika, wenn man bei den sehr scharfen Sorten wichtige Vorsichtsmaßnahmen außer acht läßt.

Waschen Sie alle Paprikasorten zunächst gründlich in Wasser mit etwas Geschirrspülmittel – nur so können Sie sicher sein, alle Rückstände entfernt zu haben.

Grundsätzlich gilt für die milden und scharfen Sorten: vor dem weiteren Verarbeiten gründlich waschen. Wer ganz sichergehen will, daß mögliche Rückstände wirklich abgewaschen sind, sollte die Paprikafrüchte in einer Schüssel waschen und dem Wasser einen kleinen Tropfen Geschirrspülmittel zugeben. Diese Zugabe verändert die Oberflächenspannung des Wassers, der Wascheffekt ist größer. Nach gründlichem Abreiben im milden „Seifenwasser" wird mit reichlich frischem Wasser nachgespült.

Wer scharfe „Schoten" zubereitet, tut gut daran, eine gewisse Vorsicht walten zu lassen, denn der darin reichlich vorhandene Inhaltsstoff Capsaicin reizt nicht nur die Augen bei direktem Kontakt, auch die Haut fängt an zu brennen. Bei normal scharfen Sorten genügt es, die Hände nach dem Verarbeiten der Früchte gründlich zu waschen. Während der Arbeit sollte man keineswegs die Lippen oder Augen berühren.

Besondere Vorsicht ist bei Sorten geboten, die Schärfegrade von 6 bis 8 erreichen: unbedingt Einmal-Handschuhe zum Schutz der Haut tragen. Für die noch schärferen Habaneros gilt: dicke Gummihandschuhe verwenden und sämtliche Gegenstände, die mit den höllisch brennenden Früchten in Berührung kamen, gründlich reinigen. Einfaches Abspülen mit klarem Wasser reicht hier nicht aus.

Paprika enthäuten

An der Frage des Enthäutens oder Schälens von dünnschaligem Obst und Gemüse scheiden sich die Geister. Wie für den Apfel gilt auch für Tomaten und Paprika: Die meisten wertgebenden Inhaltsstoffe sitzen direkt in oder unter der Haut. Wenn es also bei einer Frucht nicht wirklich zwingend nötig ist, die Schale zu entfernen, sollte man es dabei belassen, sie nur gründlich zu waschen. Eigentlich gibt es beim Paprika keine Verarbeitungsform, bei der die Haut stört – genausowenig wie bei der Tomate. Vielfach ist es nur eine Frage der Gewöhnung, die Haut mitzuessen, dagegen aber eine schlechte und dabei zeitraubende Angewohnheit, sie zu entfernen. Wer aus irgendwelchen Gründen dennoch ans Schälen denkt, kann verschiedene Methoden anwenden.

Nur dickfleischige Paprikasorten lassen sich enthäuten.

Blanchieren: Die Paprikafrüchte werden kurz in kochendheißes Wasser gelegt und dann in kaltem Wasser abgeschreckt. Dann läßt sich die Haut leicht abziehen.

Nach dem Rösten kann man die Haut der Paprikafrüchte leicht abziehen.

Rösten: Diese Methode eignet sich gut für langgestreckte „Schoten", das Rösten verstärkt zugleich das Aroma. Der Röstvorgang kann ohne Fett in der Bratpfanne, im Backofen oder über offener Flamme (Gasherd, Gaskocher) erfolgen. In der sehr heißen Bratpfanne wendet man die Früchte so lange, bis die Haut blasig wird. Im Backofen – möglichst ohne Umluft, um das Austrocknen zu vermeiden – verbleiben die Früchte bei 200 °C, bis die Haut ringsum blasig wird. Die heißen, blasigen Früchte aus Bratpfanne oder Backofen sofort in ein verschließbares Gefäß legen und 20 Minuten „schwitzen" lassen. Danach läßt sich die Haut mit den Fingern leicht abziehen.

Über offener Flamme entsteht ein interessantes Röstaroma. Die Vorgehensweise ist einfach: die Frucht auf eine Grill- oder Fondue-Gabel spießen und über der Flamme drehen, bis schwarze Blasen entstehen. Nach dem beschriebenen „Schwitzprozeß" erfolgt das Enthäuten.

Paprika entschärfen

Achtung: Die Scheidewände von Gewürzpaprika sind noch schärfer als die Samen!

Gemüsepaprika ist nahezu capsaicinfrei; bei Gewürzpaprika enthalten die Scheidewände und Samen jedoch diesen Scharfmacher. Wer scharfe Sorten etwas milder machen will, sollte also grundsätzlich die Früchte längs aufschneiden und das „Innenleben" entfernen. Da die Scheidewände um einiges mehr Capsaicin enthalten als die Samen, muß man sie besonders sorgfältig heraustrennen. Wer den Schärfestoff noch gründlicher entfernen will, kann die Früchte zusätzlich einige Stunden in folgende Lösung einlegen: 1 l Wasser, 1 EL Salz und 2 EL Alkohol (40 %). Der Alkohol erhöht die Löslichkeit des Capsaicins im Salzwasser.

Ist eine mit Gewürzpaprika gekochte oder mit Chilipulver gewürzte Speise zu scharf geraten, gibt es nur begrenzt Möglichkeiten, sie zu entschärfen. Ein eintopfähnliches Gericht läßt sich strecken mit frisch pürierten oder mit Dosentomaten, auch Sahne und geschmolzener Käse mildern die Schärfe.

Wenn man sich an zuviel Chilipulver den Mund „verbrannt“ hat, sollte man nicht versuchen, kaltes Wasser, Saft, Bier oder dergleichen zu trinken. Hier schaffen nämlich nur fetthaltige Getränke Abhilfe, da sich Capsaicin in Fett, nicht aber in Wasser löst. Als „Löschmittel“ können also nur Milch, Joghurt oder Kefir dienen.

Getrockneten Paprika richtig behandeln

Vorsicht beim Umgang mit getrockneten scharfen Peppers: Sie büßen durch das Dörren nichts von ihrer Schärfe ein.

Der dickfleischige Gemüsepaprika läßt sich nur in Teilstücken trocknen, dünnfleischige Gewürzpaprika-Sorten werden vielfach als Ganzes gedörrt. Ehe man solche ganzen „Schoten“ weiterverarbeitet, sind grundsätzlich die Stiele und Kelche zu entfernen. Je nach Zweck gibt es nun unterschiedliche Vorgehensweisen:

Für getrockneten Paprika gilt die Regel: dickfleischige Sorten haben gedörrt nur noch ein Zehntel des Frischgewichtes, dünnfleischige Peppers wiegen gedörrt ein Drittel der frischen Früchte. Soll der getrocknete Paprika als Ersatz für frischen dienen, wird er unzerkleinert eine halbe Stunde in Wasser oder Gemüsesaft eingeweicht. Handelt es sich um als ganze Früchte getrocknete Peppers, kann man sie auch nach diesem Einweichprozeß noch von den Samen und Scheidewänden befreien.

Bei getrocknetem Gewürzpaprika besteht auch die Möglichkeit, ihn zum Würzen zu verwenden. Die „Schoten“ lassen sich im Mörser zerreiben oder in einer Pfeffermühle mahlen. Die Kaffeemühle sollte nur zum Einsatz kommen, wenn sie sich nach dem Mahlen gründlich reinigen läßt. Dieses frisch aus Dörrpaprika zubereitete Gewürz ist ähnlich wie direkt vor dem Aufbrühen gemahlener Kaffee aromatischer als bereits vor geraumer Zeit zerkleinerter Gewürzpaprika.

Noch ein Hinweis: Das Aroma von getrocknetem Paprika läßt sich steigern, indem man sie vor dem Einweichen oder Zermahlen in der Pfanne oder im Backofen bei gut 200 °C kurz röstet. Vorsicht, dieser Röstvorgang darf nur wenige Minuten dauern. Wenn die Paprikastücke anbrennen, werden sie rasch bitter.

Paprika beim Rösten nicht anbrennen lassen: Er schmeckt sonst bitter.

Aus demselben Grund wird auch Paprikapulver nicht mit angebraten, sondern erst nach dem Dünsten des Gerichtes zugegeben. Bei zu großer Erhitzung karamelisiert der im Paprika enthaltene Zucker. Dieser als Maillard-Reaktion bezeichnete Vorgang ist verantwortlich für den bitteren Geschmack.

Gesund ernähren mit Paprika

Obst und Gemüse sind Gesunderhalter schlechthin. Beim Paprika sprechen die Ernährungswissenschaftler vom Heilgemüse erster Güte, das manchen Weg zum Arzt erspart, wenn es regelmäßig und reichlich auf den Tisch kommt. Paprika ist ein wertvoller Helfer bei der Vorbeugung von Krebs, Herzinfarkt, Schlaganfall, Augenleiden und Erkältungen – und das alles in überaus schmackhafter Form.

Sekundäre Pflanzenstoffe sind bioaktive Substanzen, die im Körper vorbeugend und heilend wirken. Ihre Zahl wird auf über 10 000 geschätzt.

Gemüse und Gewürzpaprika unterscheiden sich wenig in bezug auf den Gehalt an wertgebenden Inhaltsstoffen – nur die Menge des scharf machenden Capsaicins ist im Gewürzpaprika um ein vielfaches höher. Paprika gilt als besonders wertvoller Beitrag zur Ernährung, weil das Fruchtfleisch enorme Mengen an Vitamin C enthält. Darüber hinaus liefert das vielseitige Gemüse reichlich Mineralstoffe, weitere Vitamine und vor allem sekundäre Pflanzenstoffe. Diese „bioaktiven Substanzen" sorgen im Wechselspiel mit den übrigen Inhaltsstoffen für unsere Gesundheit. Sie schützen vor Krebs, Herz- und Kreislauferkrankungen und stabiliseren das Immunsystem.

Paprika-Inhaltsstoffe im Überblick

Radikalfänger stärken auch die körpereigene Abwehr gegen Bakterien und Viren.

Vergleicht man die Gehalte von Paprika an Vitaminen, Mineralstoffen und sekundären Inhaltsstoffen, besticht Paprika durch sein ausgewogenes Verhältnis: von jedem etwas, meist durchschnittliche Werte. Einige Substanzen ragen jedoch mit Spitzengehalten hervor. Es sind genau die Stoffe, die wir in der heutigen Zeit am meisten brauchen: Radikalfänger, die effektiv Umweltgifte unschädlich machen und unseren Organismus vor den Hauptleiden unserer Gesellschaft schützen – vor Krebs, Herzinfarkt, Schlaganfall und Bluthochdruck. Die in Paprika in besonderem Maße enthaltenen gesundheitsfördernden Inhaltsstoffe werden im folgenden kurz vorgestellt.

Vitamin A

Wie Vitamin C steht Vitamin A in Zusammenhang mit einem Nobelpreis: George Wald erhielt ihn 1967 für die Entdeckung, wie Vitamin A mit den Augen zusammen-

Alle Inhaltsstoffe von Paprika auf einen Blick

Inhaltsstoff	Gemüsepaprika	Gewürzpaprika
kcal (kJ)	20 (83)	40 (165)
Eiweiß (g)	1,2	1,8
Fett (g)	0,3	0,6
Kohlenhydrate (g)	3,1	1,5
Ballaststoffe (g)	2,0	2,4
Wasser (g)	92	90
Cholesterin (mg)	0	0
Calcium (mg)	10	15
Eisen (mg)	0,7	0,7
Kalium (mg)	210	290
Magnesium (mg)	12	20
Mangan (mg)	0,1	0,1
Natrium (mg)	2	2
Zink (mg)	0,18	0,28
Vitamin A (mg)	0,1	0,15
Vitamin E (mg)	0,7	0,8
Vitamin B_1 (mg)	0,07	0,08
Vitamin B_2 (mg)	0,05	0,05
Vitamin B_3 (mg)	0,4	0,6
Vitamin B_6 (mg)	0,3	0,2
Folsäure (mg)	0,017	0,021
Vitamin C (mg)	140	180
Capsaicin (%)	<0,02	0,05–1,7
Ätherische Öle (%)	0,17–1,12	
Carotinoide (%)	0,12–0,35	

hängt. Es wird bei jedem einzelnen Lichtreiz benötigt. Vor allem Menschen, die am Bildschirm arbeiten, müssen enorm oft auf unterschiedliche Hell-Dunkel-Reize reagieren. Entsprechend viel Vitamin A benötigen sie.

Rhodopsin wird blitzschnell aufgebaut aus Eiweiß und Vitamin A.

Wenn Vitamin A fehlt, sind Sehstörungen unausweichlich, da zuwenig Sehpurpur (Rhodopsin) nachgebildet werden kann. Jeder Lichtreiz verbraucht unzählige Rhodopsin-Moleküle. Abgesehen vom Rhodopsin-Mangel vertrocknen und verhärten bei einem Zuwenig an Vitamin A die Hornhautzellen, es fehlt also auch am schützenden Flüssigkeitsfilm. Als Folge davon verstopfen die Tränenkanäle, und die Bindehäute entzünden sich.

Vitamin A spielt aber nicht nur beim Sehen eine wichtige Rolle, es steht auch in Zusammenhang mit Unfruchtbarkeit. Das Vitamin wirkt mit bei der Bildung von Progesteron, einem wichtigen Sexualhormon. Ausgeprägter Mangel an Vitamin A und damit an Progesteron führt beim Mann dazu, daß sich ungenügend oder minderwertige Spermien ausbilden. Bei der Frau wurden Libidomangel und Störungen der Fruchtbarkeit festgestellt.

Vitaminverlust durch die Zubereitung von Gemüse:

- *Vitamin E 10 %*
- *Vitamin A 20 %*
- *Vitamin B_2 20 %*
- *Vitamin B_6 20 %*
- *Vitamin B_1 30 %*
- *Vitamin B_5 30 %*
- *Vitamin C 30 %*
- *Folsäure 35 %*

Bei Kindern äußert sich Vitamin-A-Mangel in Form von Wachstumsstörungen, vor allem beim Knochenaufbau im Gelenkbereich. Auch die Kiefernknochen benötigen viel Vitamin A, das Zahnfleisch wird bei Unterversorgung anfällig für Entzündungen.

Ernährungswissenschaftler empfehlen deshalb besonders Kindern, reichlich dunkelgrünes, rotes oder gelbes Obst und Gemüse zu essen. Wertvolle Vitamin-A-Lieferanten sind außer Paprika auch Möhren, Grünkohl und Spinat – also alle Nahrungsmittel, die viele Carotinoide enthalten; denn aus 10 % der Carotinoid-Verbindungen kann der Körper das lebenswichtige Vitamin A synthetisieren.

Vitamin C

Daß Kühe, Schweine und Pferde sich nicht erkälten, liegt daran, daß ihr Organismus aus Zucker Vitamin C herstellen kann. Dazu sind Menschen, Menschenaffen, Meerschweinchen und einige Fische und Vögel nicht fähig – sie müssen also Vitamin C mit der Nahrung aufnehmen.

Dieses Vitamin spielt bei unzähligen Vorgängen im Körper eine Rolle: bei Knochenaufbau, Stabilisierung der Blutgefäße, Entgiften von Schwermetallen, Nitraten, Giften im Tabakrauch und vor allem als Antioxidans.

Antioxidantien in der Nahrung:

- *Fettlöslich: Vitamin E Carotinoide*
- *Wasserlöslich: Vitamin C*
- *Flavonoide*

Antioxidantien unterstützen den Körper bei der Abwehr von freien Radikalen, die zum Beispiel durch UV-Licht, Rauchen und Abgase entstehen. Zugleich regen sie die Immunabwehr an, was neben dem Widerstand gegen Krebs auch der Abwehr von Infektionen durch Bakterien und Viren zugute kommt.

Vitamin-C-Mangel äußert sich durch häufige Erkältungen, Zahnfleischbluten, Krampfadern, Konzentrationsmangel, Depressionen, Hautfalten, Haarausfall und Übergewicht. Paprika schafft auf schmackhafte Weise schon in geringen Mengen Abhilfe. Es ist nämlich das Gemüse mit den höchsten Gehalten an Vitamin C: Je nach Sorte, Reifegrad und Herkunft enthält Paprika in 100 g Fruchtfleisch 110 bis 160 mg, also doppelt soviel wie in 100 g Zitrone. Eine Paprika deckt den Tagesbedarf an Vitamin C, der immer noch mit 75 mg angegeben wird. Unter den heutigen Streßbedingungen durch persönliche Belastung und Umweltgifte siedeln Ernährungswissenschaftler und Mediziner den täglichen Vitamin-C-Bedarf bei mindestens 300 mg an – also sicherheitshalber zwei Paprika essen!

Der ungarische Wissenschaftler Albert Szent-Györgyi erhielt 1937 den Nobelpreis für die Entdeckung von Vitamin C, das er aus Paprika extrahierte.

Vitamin E

Als eine Art „Blutpolizei“ wirkt das Vitamin E. Es schützt die roten Blutkörperchen, indem es sie umringt. Ohne diese Schutzhülle greifen freie Radikale die überaus verletzliche Membran der roten Blutkörperchen an. Dadurch verändert sich die Membranstruktur, das darin enthaltene Eiweiß verkrustet und die roten Blutkörperchen können keinen Sauerstoff mehr transportieren.

Vitamin-E-Mangel macht sich durch so verschiedene Symptome wie Nervosität oder Magen-Darm-Entzündungen bemerkbar.

Biochemiker und Ernährungswissenschaftler sehen den täglichen Bedarf an Vitamin E bei mindestens 15 mg, die offiziellen Tabellen nennen 12 mg. Der Mangel zeigt sich in Form von Müdigkeit, welker Haut, Nervosität, Altersflecken und Magen-Darm-Entzündungen.

Besonders reich an Vitamin E sind kalt gepreßte Pflanzenöle und Nüsse. Aber auch viele Obst- und Gemüsearten enthalten dieses wichtige Antioxidans. Paprika liefert bis zu 1 mg Vitamin E in 100 g, der Tagesbedarf ließe sich also auch mit einem ganzen Kilogramm nicht decken. Dafür ist Paprika bei den anderen drei in Lebensmitteln enthaltenen Antioxidantien unschlagbar, und im Zusammenspiel mit ihnen ist der vergleichsweise kleine Beitrag zur Vitamin-E-Versorgung nicht zu verachten.

Vitamin B_6

Unter den Gehalten an sonstigen Vitaminen fallen die im Vergleich zu anderen Gemüsearten hohen Werte bei Pyridoxin auf – besser bekannt als Vitamin B_6. Es ist verantwortlich für die Eiweißverwertung. Erste Warnzeichen bei Mangel sind Depressionen, Müdigkeit, Nervosität und Haarausfall; das Immunsystem wird geschwächt.

Eine 100 g schwere Paprikafrucht deckt den Tagesbedarf an Vitamin B_6 zu 10 %. 2 bis 3 mg werden benötigt, Paprika enthält 0,3 mg. Bessere Lieferanten sind Vollkornprodukte, Walnüsse und Bierhefe.

Zink

Der Mineralstoff Zink spielt eine zentrale Rolle für unser Immunsystem und das Gedächtnis. Die große Bedeutung im Stoffwechsel ergibt sich aus der Tatsache, daß Zink Bestandteil von 160 Enzymen ist. Entsprechend hoch ist der Tagesbedarf: 15 mg.

Bei Zinkmangel stellen sich Gedächtnislücken, Depressionen, Müdigkeit, Fruchtbarkeitsstörungen, Haarausfall und brüchige Nägel ein. Paprika gehört zu den Gemüsearten, die reichlich Zink liefern. 100 g Fruchtfleisch enthalten 0,2 bis 0,3 mg. Der Tagesbedarf läßt sich aber nur decken, wenn zusätzlich noch bessere Lieferanten wie Vollkorn oder Fleisch gegessen werden.

Paprika enthält zwar viel Zink; den Tagesbedarf kann man mit seinem Genuß jedoch nicht decken.

Carotinoide

Carotinoide sind rote, orange und gelbe Pflanzenfarbstoffe. Aus 60 der 600 in Pflanzen enthaltenen Carotinoiden kann der Körper Vitamin A aufbauen. Nicht für die Vitaminsynthese benötigte Carotinoid-Mengen stehen dem Körper zur Abwehr von freien Radikalen zur Verfügung, dienen also als Antioxidantien. Das bekannteste Carotinoid ist Betacarotin. Diese bioaktive Substanz ist so fest in die Fasern von Obst und Gemüse eingebaut, daß der Körper nur die Hälfte verwerten kann. Durch Erhitzen oder sehr starkes Zerkleinern erhöht sich die Ausbeute deutlich.

Als Saft und in gedünsteter Form enthalten Obst und Gemüse mehr Betacarotin als roh.

Carotinoidgehalt von Gemüse in mg/100 g:
- *Paprika rot 30*
- *Grünkohl 27*
- *Möhre 22*
- *Spinat 14*
- *Kürbis 8*
- *Tomate 4*
- *Brokkoli 3*
- *Paprika grün 1*

Pflanzen enthalten die zu den sekundären Inhaltsstoffen zählenden Carotinoide, um sich vor Mikroorganismen und UV-Licht bzw. freien Radikalen zu schützen. Den menschlichen Organismus bewahrt diese Stoffgruppe vor Krebs, Arteriosklerose, Herzerkrankungen, Rheuma, Arthritis und grauem Star. Sie stärkt auch das Immunsystem, indem sie die „Immunzellen-Fabrik" des Thymus stimuliert.

Ernährungstabellen empfehlen, täglich mindestens 15 mg Carotinoide aufzunehmen. Für Betacarotin liegen die empfohlenen Mengen je nach Institut bei 2 bis 6 mg. Wichtig ist vor allem, daß diese bioaktive Substanz direkt aus pflanzlicher Nahrung stammt; denn Betacarotin steht stellvertretend für 600 Carotinoide. Den Krebsschutz bewirkt ihr Zusammenspiel, isoliertes Betacarotin, z. B. in Form von Vitaminpillen, kann die Krebsgefahr sogar erhöhen.

Carotinoide im Paprika in mg/100 g (rot/grün):
- *Provitamin A 5,4 / 0,2*
- *Betacarotin 3,8 / 0,1*
- *Gesamt-Carotinoide 30,4 / 0,7*

Paprika liefert so viele Carotinoide wie keine andere Gemüseart, macht also alle künstlichen Präparate überflüssig. Roter Paprika liefert 30 mg in 100 g, grüner allerdings unter 1 mg. Damit gilt gut ausgereifter Paprika als die beste Carotinoid-Quelle unter den Gemüsearten, übertrifft also selbst Möhren und Grünkohl. Der Gehalt speziell an Betacarotin liegt bei 4 mg. Paprika enthält hauptsächlich das Carotinoid Capsanthin. Dieses Farbwachs färbt zehnmal intensiver als Betacarotin.

Flavonoide

Flavonoide sind Pflanzenfarbstoffe aus der sekundären Inhaltsstoffgruppe der Polyphenole. Die frühere Definition der Flavonoide war weitaus einfacher: Sie wurden 1936 in ihrer Wirkung erkannt und schlicht als Vitamin P bezeichnet. P steht für Permeabilität, also die Durchlässigkeit von Gefäßwänden.

Das vermeintliche Vitamin ist in allen kräftig farbigen Obst- und Gemüsearten enthalten. Gibt es unterschiedliche Sorten, bevorzugen Sie stets die dunkelsten: Rote Zwiebeln statt weiße, rote Trauben statt gelbe, rote Blattsalate anstelle von grünen. Dieses „Muster“ gilt auch für Äpfel, Orangen und natürlich für Paprika.

Flavonoide – etwa 800 sind bekannt – schützen die Pflanzen vor Mikroorganismen und freien Radikalen. In uns Menschen bekämpfen sie Bakterien und Viren, hemmen Krebs und schützen vor Arteriosklerose und Herzinfarkt.

Paprika wird in der älteren Literatur stets als gute Vitamin-P-Quelle bezeichnet. Das stimmt insofern, daß vor allem ausgereifte Früchte reichlich Flavonoide enthalten. Paprika ist nicht nur wegen des hohen Gehalts an dem vermeintlichen Vitamin P so wertvoll, zur „Bio-Bombe“ wird die Frucht erst durch das Zusammenspiel mit der Fülle an Vitamin C. Flavonoide erhöhen die Vitamin-C-Wirkung um das Zwanzigfache – ein weiteres Argument, den Vitaminbedarf mit Obst und Gemüse zu decken.

Präparate aus dem Regal von Drogerien und Apotheken können nämlich das Wechselspiel der über 100 000 bioaktiven Substanzen nicht ersetzen.

Flavonoide in Pflanzen:
- *Anthocyanin: Traube*
- *Citrin: Zitrusfrüchte*
- *Katechin: Tee*
- *Rutin: Raute*
- *Quercetin: Apfel*

Capsaicin

Gemüsepaprika läßt sich in großen Mengen essen, weil ihm der Schärfestoff Capsaicin bis auf minimale Spuren fehlt. Gewürzpaprika enthält bis zu 1,7 % des Scharfmachers. Als Gewürz verstärkt er das Aroma der übrigen Zutaten, isoliert dient er bei zahlreichen medizi-

„Vitamin P" wurde wie Vitamin C von Albert Szent-Györgyi entdeckt.

nischen Indikationen als natürlicher Arzneistoff. Den vielfältigen Wirkungen des Capsaicins ist das Kapitel „Paprika in der Medizin" gewidmet.

Wie fördert Paprika die Gesundheit?

Es ist das Wechselspiel zwischen den Inhaltsstoffen, die in Paprika besonders reichlich enthalten sind, die diese Frucht zum „Heilgemüse erster Güte" machen. Regelmäßig und reichlich genossen – möglichst in den beiden Kategorien Gemüse- und Gewürzpaprika – entfaltet es vor allem die Gesundheitswirkungen, die wir in unserer streßbehafteten und an Umweltgiften reichen Zeit am dringendsten brauchen:

- Immunstärkung
- Krebsvorbeugung
- Arterienschutz
- Bluthochdruckregulierung
- Konzentrationshilfe
- Gewichtsreduzierung
- Migräneabwehr

Wenn freie Radikale nicht durch „Radikalfänger" – z. B. Vitamine – unschädlich gemacht werden, können sie zu Krebs führen.

Die Antioxidantien Vitamin C, E, Carotinoide und Flavonoide, die Paprika in überdurchschnittlichen Mengen enthält, sind als „Radikalfänger" an den meisten Gesundheitswirkungen beteiligt. Der Haupteffekt dabei ist der wirksame Krebsschutz. Freie Radikale sind aggressive Verbindungen, die aufgrund ihrer Instabilität rasch mit allen möglichen Substanzen im Organismus reagieren und sie verändern. Wenn dann der körpereigene Reparaturmechanismus nicht eingreift, sind Stoffwechselstörungen, Alterungsprozesse und Tumore die Folge. Ein anschauliches Beispiel hierfür ist ein aufgeschnittener Apfel: Er verbräunt (oxidiert) in kurzer Zeit, es sei denn, man träufelt antioxidativ wirkende Substanzen wie Zitronen- oder Paprikasaft darauf. Ist unser Körper mit Antioxidantien unterversorgt, kann er den Angriff freier Radikale nicht abwehren oder bereits entstandene Schäden reparieren – der Weg zur unkontrollierten Zellwucherung und damit zum Krebs ist frei.

Die Ernährungswissenschaft empfiehlt, täglich 300 g Obst, 150 g rohes und 150 g gekochtes Gemüse zu essen, um Krebs wirksam vorzubeugen.

Weitere Effekte der Paprika-Inhaltsstoffe sind die Stabilisierung der Gefäßwände, der positive Einfluß auf den Cholesterinspiegel und die Blutdruckregulierung – alles wichtige Voraussetzungen, um Schlaganfälle, Herzinfarkte und Arteriosklerose zu vermeiden. Paprika hilft auch, lästigen Erkältungen zu entgehen, da das überaus reichlich vorhandene Vitamin C zusammen mit weiteren Inhaltsstoffen das Immunsystem stärkt.

Über all diese Gesundheitswirkungen hinaus bietet Gewürzpaprika weitere positive Aspekte, die auf dem Schärfestoff Capsaicin beruhen. Gewürzpaprika kann Migräneanfällen vorbeugen und Kopfschmerzen mildern, da Capsaicin die Gefäße erweitert und so die gestörte Durchblutung verbessert. Gewürzpaprika gilt auch als Diäthelfer. Er enthält wie Gemüsepaprika wenig Kalorien und viele Ballaststoffe, vor allem aber wirkt der Scharfmacher Capsaicin gewichtsregulierend: Die in der Mahlzeit enthaltene Glukose wird um ein Viertel schlechter verwertet. Zugleich regt Capsaicin den Stoffwechsel stark an, dabei verbrennen viele Kalorien.

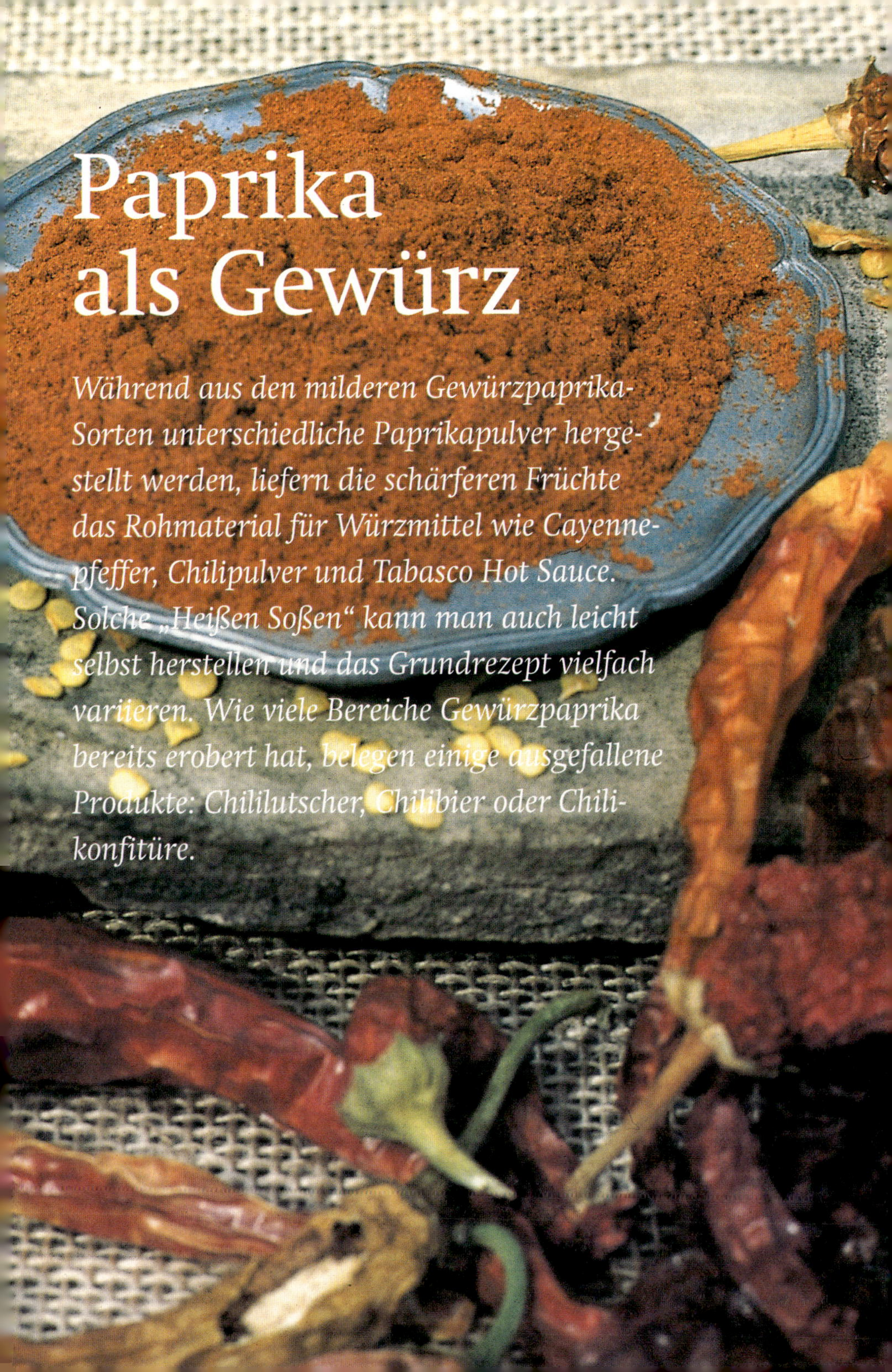

Paprika als Gewürz

Während aus den milderen Gewürzpaprika-Sorten unterschiedliche Paprikapulver hergestellt werden, liefern die schärferen Früchte das Rohmaterial für Würzmittel wie Cayennepfeffer, Chilipulver und Tabasco Hot Sauce. Solche „Heißen Soßen“ kann man auch leicht selbst herstellen und das Grundrezept vielfach variieren. Wie viele Bereiche Gewürzpaprika bereits erobert hat, belegen einige ausgefallene Produkte: Chililutscher, Chilibier oder Chilikonfitüre.

Als Leonhard Fuchs 1542 in seinem Kräuterbuch auch Paprika in die Reihe der Gewürzpflanzen aufnahm, nannte er nicht das Fruchtfleisch als das eigentliche Würzmittel, sondern die „teuflisch scharfen" Samenkörner im Innern der Paprikabeere, die fälschlicherweise als „Schote" bezeichnet wird. Über die hellgelben, scheibenförmigen Samen von 3 mm Durchmesser und 0,5 mm Dicke schrieb Fuchs, sie haben „fast alle Würckung und Tugendt des rechten Pfeffers".

Ein Gewürz ist definiert als scharfe oder aromatische Substanz pflanzlichen Ursprungs zum Würzen von Speisen.

Gewürzpaprika, früher als spanischer Pfeffer bezeichnet und entdeckt auf der Suche nach dem eigentlichen Pfeffer, hat sich zum weltweit zweitwichtigsten Gewürz entwickelt. Umfang- und wertmäßig steht der echte Pfeffer im Welthandel an erster Stelle.

Paprikapulver

Das bei uns gebräuchlichste Paprikagewürz ist Paprikapulver, das in fünf Qualitätsstufen gehandelt wird. Diese unterschiedlichen Handelssorten haben nicht verschiedene Paprikasorten als Ausgangsmaterial. Die Abweichungen beruhen auf dem Herstellungsverfahren, genaugenommen im Anteil an mitvermahlenen Scheidewänden und Samenkörnern. Die Qualitäts- und Schärfeabstufungen beim Paprikapulver waren erst möglich, als die Brüder Pállfy in Szegedin (Ungarn) ein neues Verfahren entwickelt hatten, eine Methode, um das milde Fruchtfleisch von den scharfen Scheidewänden und Samen zu trennen. Bis dahin entstand Paprikapulver aus der ganzen Frucht in einem mühseligen Prozeß, der auch nur einen Schärfegrad ermöglichte. Die vollreif geernteten und vorgetrockneten Früchte wurden auf meterlange Schnüre gefädelt und drei bis vier Wochen nachgetrocknet.

Die Samen enthalten weitaus weniger Capsaicin als die Scheidewände. Sie sind durchsetzt mit Drüsenzellen, die ein öliges Sekret ausscheiden, aus dem später Capsaicin auskristallisiert.

Wird allein das Fruchtfleisch vermahlen, entsteht ein feinaromatisches, nahezu schärfefreies Pulver. Je mehr Scheidewände und Samen enthalten sind, desto schärfer wird das Paprikapulver. Fünf Qualitätsstufen unterschiedlicher Schärfe wurden definiert.

Edelsüßer Paprika

Delikateßpaprika ist ein feuerrotes, mild-aromatisches Pulver und besteht aus allerbesten, vollreifen, sehr milden Gewürzpaprika-Früchten ohne innere Scheidewände. Die Samen werden gewaschen und dadurch vom größten Teil des scharfen Capsaicins befreit. Vor dem Mahlen setzt man je 100 kg Fruchtfleisch 45 kg dieser entschärften Samen wieder zu.

Edelsüßer Paprika hat eine etwas hellere Farbe. Der Herstellungsprozeß verläuft zwar nicht anders, aber vor dem Mahlen werden mehr Paprikasamen zugegeben als bei Delikateßpaprika, nämlich 75 kg Samen je 100 kg Fruchtfleisch. Das Pulver wird schärfer, ist aber etwas heller rot.

Rosenpaprika

Halbsüßer Paprika ist orangerot gefärbt und enthält neben gewaschenen Samen auch die capsaicinreichen Scheidewände und würzt entsprechend schärfer.

Rosenpaprika besteht aus Fruchtfleisch, Scheidewänden und ungewaschenen, also scharfen Samen. Das Pulver ist kräftig gefärbt und aromatisch, aber auch um ein vielfaches schärfer als die ersten drei Handelsklassen.

Scharfer Paprika (Merkantilpaprika), teilweise auch als Königspaprika bezeichnet, wird wie Rosenpaprika aus den gesamten Früchten samt Scheidewänden und ungewaschenen Samen hergestellt, enthält aber zusätzlich weitere Samen und Scheidewände, die bei den ersten beiden Qualitätsstufen übrigbleiben. Das bräunlichrote Pulver schmeckt beißend scharf.

Handelsqualitäten des Paprikapulvers

Bezeichnung	Herstellung	Geschmack	Capsaicin in mg/100 g
Delikateßpaprika	Fruchtfleisch ohne Scheidewände Zugabe von Samen	feinaromatisch mild	6–8
Edelsüßer Paprika	Fruchtfleisch ohne Scheidewände, Zugabe vieler Samen	süß, mild-würzig	12–14
Halbsüßer Paprika	Fruchtfleisch mit Scheidewänden ohne Samen	leicht scharf würzig	15–25
Rosenpaprika	Fruchtfleisch mit Scheidewänden und Samen	scharf, würzig	80–150
Scharfer Paprika (Merkantilpaprika)	Fruchtfleisch mit Scheidewänden und Samen, Zugabe weiterer Scheidewände und Samen	brennend scharf würzig	250

Chiligewürze

Die meist länglich-spitzen, je nach Sorte unterschiedlich scharfen Gewürzpaprika, auch als Chili Peppers bezeichnet, wirken in jeder Speise als Würzmittel: Bei ganz milden Sorten wie Peperoni und Peperoncini dominiert das Paprikaaroma, bei schärferen Sorten wirkt die Zugabe eindeutig als Schärfebringer.

Chili als Gewürz gibt es in vielfältiger Form: frisch, entweder reif oder unreif geerntet oder aber konserviert: im Glas, in der Dose, getrocknet, als Flocken, Pulver, Paste, Soße oder Öl. Gemahlene Trockenfrüchte sind auch Bestandteil einiger Würzmischungen wie Currypulver und Szechuanpfeffer.

Der Ölgehalt von bis zu 30 % in den zugesetzten Samen erleichtert das Mahlen.

Inzwischen noch verbreiteter als Tomatenketchup sind die Hot-Sauces in der amerikanischen Küche. Bei uns ist nur Tabasco bekannt, in Amerika gibt es Sammler, die über 1000 verschiedene Heiße-Soßen-Flaschen besitzen.

Die Geschichte der Heißen Soßen geht bis in die Mitte des vorigen Jahrhunderts zurück, als in der Nähe von New Orleans die erste Chili-Würzsoße aus vermahlenen Gewürzpaprika, Steinsalz und Essig entstand. Die Familie MacIllkeny ließ ihr Herstellungsverfahren zu dieser ersten Würzsoße patentieren unter dem Namen „Tabasco Brand Pepper Sauce“. Tabasco-Soße ist heute selbst in Deutschland ein Begriff.

Einige der weit über 1500 in Amerika erhältlichen Hot Sauces sind so höllisch scharf, daß sie mit Pipetten

Eine Auswahl an Heißen Soßen und Gewürzpaprika

Der Schärfegrad von Hot Sauces liegt normalerweise zwischen 1000 und 5000 Scoville-Einheiten, die Habanero Hot Sauce „The Ax" liefert 19 000 Einheiten.

dosiert werden müssen, und beim Hantieren mit den arzneimittelähnlichen Fläschchen sind unbedingt Handschuhe zu tragen. Die Vielfalt der Hot Sauces beruht aber nicht nur auf ihrer unterschiedlichen Schärfe, auch die Aromen haben ein breites Spektrum. Die Geschmacksrichtungen reichen von tropisch-fruchtig bis rauchig-herb. Um das für den jeweiligen Zweck Gewünschte zu finden, gibt es in Amerika „Hot Sauce Tastings", also die Möglichkeit, vor dem Kauf zu probieren – bei uns ist das eigentlich nur beim Wein verbreitet.

Da es in Deutschland kaum echte Heiße Soßen gibt, hier ein Rezept zum Selberherstellen, das sich frei variieren läßt:

Hot Sauce (500 ml):

Sie können die Hot Sauce ohne Schärfeverlust einfrieren.

200 g Karottenwürfel (als Konsistenzgeber)
2 bis 4 frische, scharfe Chilifrüchte
1 große Zwiebel
1 Knoblauchzehe
6 EL Apfelessig in 300 ml Wasser
1 TL Zucker
1 Messerspitze Muskatnuß
1 Prise Salz

- Karotten, Zwiebeln, Knoblauch und die nicht entkernten Chilis kleingehackt mit den Gewürzen im Apfelessig-Wasser aufkochen und nach 30 Minuten weiterem Köcheln fein pürieren.
- Die Soße nochmals aufkochen, eventuell einen weiteren Eßlöffel Apfelessig zugeben und heiß in verschließbare Fläschchen oder Gläschen füllen.
- Noch nicht geöffnete Gläser halten sich im Kühlschrank einige Wochen.

▶ *Die wichtigsten Zutaten der Hot Sauce: Chilis und Knoblauch*

Tip: Heiße Soße in der Küche

In der Küche lassen sich Heiße Soßen als raffinierte Würzmittel einsetzen. Dazu einige Tips:

- Hot Sauce verfeinert Salatsoßen
- Hot Sauce peppt Tomatensaft auf
- Hot Sauce macht Gegrilltes abwechslungsreicher
- Hot Sauce verleiht Rühreiern das gewisse Etwas
- Hot Sauce gibt Ketchup Pfiff
- Hot Sauce würzt Fruchtsorbets
- Hot Sauce hilft beim Abschmecken von Suppen
- Hot Sauce paßt als Dip zu Fleischfondue
- Hot Sauce wertet als Würzmittel Käsefondue auf
- Hot Sauce eignet sich zum Überbacken von Gratins (Käse und 1 EL Paniermehl mit Hot Sauce vermischen).

Allgegenwärtiger Chili Pepper

Haben Sie schon einmal Chilibonbons oder Chilibier probiert?

Im „Land der unbegrenzten Möglichkeiten“ gibt es kaum ein Lebensmittel, das noch nicht mit Chili Peppers, also Gewürzpaprika, kombiniert wurde: Einige Beispiele:

- Chilikonfitüre ist ein pikant-süßer Brotaufstrich.
- Chilibonbons schmecken rahmig-süß mit äußerst pikanter Schärfe.
- Chililutscher in typischer Schotenform und kräftig roter oder grüner Farbe enthalten auch geringe Mengen Gewürzpaprika.
- Chilibier besteht aus herkömmlichem Bier, in der

Flasche steckt allerdings eine ganze Pepperfrucht, die dem Getränk eine pikante Paprikanote verleiht.

- Chili-Oliven enthalten als Steinersatz-Füllung anstelle des gebräuchlichen milden Gemüsepaprika-Stückchens ein feurig-scharfes Chilistück. Manche Hersteller verwenden die höllisch scharfen Habaneros (Schärfegrad 10!).

Giftstoffe in Paprikapulver

Fertiges Paprikapulver kann für die Gesundheit bedenkliche Inhaltsstoffe enthalten.

Pfeffer- und Pimentkörner, Muskatnuß und Kreuzkümmel lassen sich unmittelbar vor dem Würzen frisch mahlen. Würzmischungen wie Currypulver, aber auch das in fast jeder Küche verwendete Paprikapulver kann man nur als Fertigprodukt einsetzen. Paprikagewürze aus getrockneten Früchten selbst zu mahlen wäre recht aufwendig, und Curry setzt sich aus vielen Einzelgewürzen zusammen, zum Beispiel Bockshornklee, Chili, Ingwer, Kardamon, Koriander, Kumin (Kreuzkümmel), Muskatnuß, Nelken, Pfeffer, Piment oder Senfsaat. Daß solche fertigen Würzmittel manchmal äußerst bedenkliche Inhaltsstoffe enthalten, belegen umfangreiche ÖKO-TEST-Studien.

Scharf und giftig

Die Überschrift „scharf und giftig“, die ÖKO-TEST-Experten über ihre Untersuchungsergebnisse der Testreihen zu Curry- und Paprikapulver setzten, läßt vielleicht den Trugschluß aufkommen: Zu scharfe Gewürze sind „Gift“ für die Gesundheit. Diese Assoziation ist aber weit gefehlt. Wenn die Analysenergebnisse das Wort „Gift“ nahelegen, dann nicht aufgrund der Schärfe dieser Gewürze – die kann im Gegenteil sogar zu Heilzwecken dienen. Gemeint sind tatsächliche Giftstoffe, die sich als Fremdstoffe in einigen Gewürzen finden.

Aflatoxin verursacht bereits in geringen Mengen Leberkrebs, und Kolibakterien können Durchfall, Erbrechen, Fieber und Übelkeit auslösen.

Das häufigste Problem bei den 20 überprüften Curry- und Paprikapulver-Herkünften war die Pestizidbelastung. Sie lag in jeder zweiten Probe weit über dem gesetzlichen Grenzwert. Selbst das hochgiftige DDT fand sich in einem Gewürz. Und jedes fünfte Pulver enthielt die Schwermetalle Blei oder Cadmium in Mengen, die den zulässigen Grenzwert deutlich übersteigen. Die Analysen decken noch ein anderes Problem auf: 20 % aller Proben waren durch Kolibakterien und Schimmelpilze bzw. deren für den Menschen hoch toxisches Pilzgift Aflatoxin B_1 belastet.

Ein Viertel der untersuchten Gewürze wies Spuren des Begasungsmittels Ethylenoxid auf. Es gilt als hochgiftig und erbgutverändernd. Eine Paprikapulver-Herkunft enthielt 55 000 µg/kg, in einer anderen fanden sich 2500 µg/kg. Ab Werten über 100 µg/kg gilt ein Gewürz als nicht empfehlenswert. Ethylenoxid wird eingesetzt, um Bakterien, Viren und Pilze in den Gewürzen abzutöten. Diese Methode ist hierzulande verboten. Die Entkeimung erfolgt deshalb vielfach mit ionisierenden Strahlen. Von den im deutschen Handel erhältlichen Gewürzen läßt sich bei jeder vierten Probe eine Bestrahlung nachweisen. Ein weiteres Ärgernis: Die Verpackungen von zwei der 20 untersuchten Gewürze enthielten PVC.

Paprikapulver meiden?

Wer in der ÖKO-TEST-Tabelle den Wert 7500 µg/kg Blei oder 820 µg/kg Cadmium bei einer Rosenpaprika-Herkunft liest, wird dazu neigen, Paprikapulver grundsätzlich zu meiden. Der Grenzwert liegt bei 1750 µg für Blei und 100 µg/kg für Cadmium. Unter dieser Reaktion würden die Hersteller leiden, die einwandfreie Gewürze liefern, und natürlich der Geschmack.

Jeder einzelne kann selbst dazu beitragen, mögliche Belastungen seiner Gewürze in Grenzen zu halten – zumindest in bezug auf Keime. Gewürze mögen es am liebsten lichtgeschützt, kühl und vor allem trocken. Man sollte also keinesfalls Pulver in offenen Streuern aufbewahren. Bei allen Gewürzen, die sich frisch mahlen lassen, kann man auf fertige Pulver verzichten. Aber auch für die Körner empfiehlt es sich, sie bis zum Mahlen luftdicht verschlossen und damit trocken zu halten. Vor allem Pulver nehmen rasch Luftfeuchtigkeit auf, Schimmelpilze können sich dann leicht vermehren und das giftige Aflatoxin freisetzen.

Eine Möglichkeit, mit Paprika zu würzen, ohne große Mengen in Pulverform zu gebrauchen: frische, eingelegte oder getrocknete Paprikafrüchte mitkochen und die rote Farbe, die das Gewürz in Pulverform mit sich bringt, durch Zugabe von Tomatenmark erzielen – sofern man auf den Rot-Ton der Speisen Wert legt. Für Salatsoßen läßt sich mit eingelegtem Gewürzpaprika aromatisierter Essig verwenden.

Wenn möglich sollte man frische, nicht bereits in irgendeiner Form aufbereitete Lebensmittel einkaufen und umgehend selbst zubereiten.

Auch an diesem Beispiel der Gewürze in aufbereiteter Pulverform zeigt sich: Jede Verarbeitungsstufe bringt Nachteile mit sich. Entweder sind kritische Verfahren zum Haltbarmachen nötig, oder Inhaltsstoffe werden zerstört.

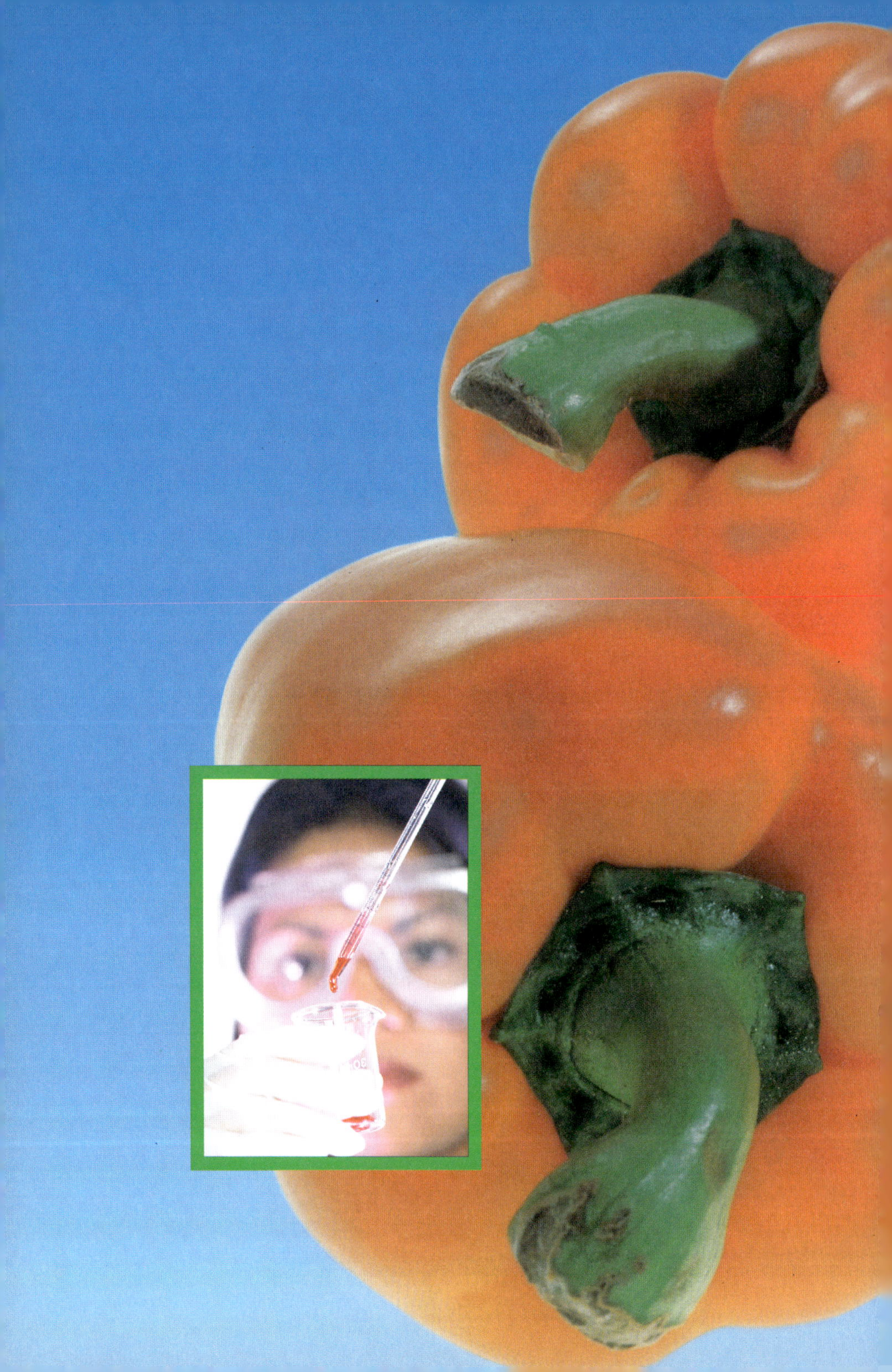

Paprika in der Medizin

Als Nahrungsmittel bietet Paprika eine große Fülle an Inhaltsstoffen, die dazu beitragen, unsere Gesundheit zu erhalten. Der Scharfmacher in den Gewürzpaprika-Sorten liefert zudem einen wertvollen Rohstoff für zahlreiche medizinische Anwendungen. Er ist ein natürliches Schmerzmittel bei Rheuma, Hexenschuß, Neuralgien und Verstauchungen, hilft aber auch bei Kopfweh und Migräne. Die Apotheken führen derzeit zehn zugelassene Arzneimittel, die den Paprikawirkstoff enthalten.

Der Gesundheitswert von Paprika und damit sein hoher Stellenwert für die menschliche Ernährung ist weithin bekannt. Weitaus weniger verbreitet ist das Wissen um die große Bedeutung von Paprika-Inhaltsstoffen für die pharmazeutische Industrie. Zahlreiche Arzneimittel enthalten Capsaicin, den „Scharfmacher“ im Gewürzpaprika. Welche große Rolle dieser Inhaltsstoff spielt, belegt die Tatsache, daß in den letzten Jahren jährlich 200 wissenschaftliche Abhandlungen über die medizinische Wirkung von Capsaicin erschienen sind.

Paprika als Schmerzmittel

Die Formel für den Paprikawirkstoff Capsaicin lautet 8-methyl-n-vanillyl-6-nonenamid.

Der medizinisch wirksame Inhaltsstoff, den Gewürzpaprika je nach Sorte zu 0,1 bis 1,7 % enthält, heißt Capsaicin. Chemisch gesehen handelt es sich um das Vanillylamid einer Isodecensäure. Nur dieses echte Capsaicin trägt zur Schärfe bei, Paprika enthält jedoch zahlreiche verwandte Verbindungen, die unter dem Begriff Capsaicinoide zusammengefaßt werden.

Capsaicin wirkt innerlich, indem es die Peristaltik anregt und die Harnausscheidung fördert. Als Arzneimittel wird es überwiegend in Präparaten verwendet, die äußerlich anzuwenden sind. Als Indikation gilt der gesamte rheumatische Formenkreis. Der Naturwirkstoff Capsaicin ist ungiftig, kann aber auf der Haut bei längerer Anwendung Ausschläge und Blasen hervorrufen. Werden zu hohe Mengen eingenommen, kann Capsaicin heftige Magen-Darm-Entzündungen auslösen.

In bezug auf Capsaicin ist der Begriff „Schmerzmittel“ durchaus doppeldeutig, da er – vereinfacht ausgedrückt – Schmerzen lindert, indem er auf der Haut ein brennend heißes Gefühl auslöst bzw. vortäuscht, ohne aber ent-

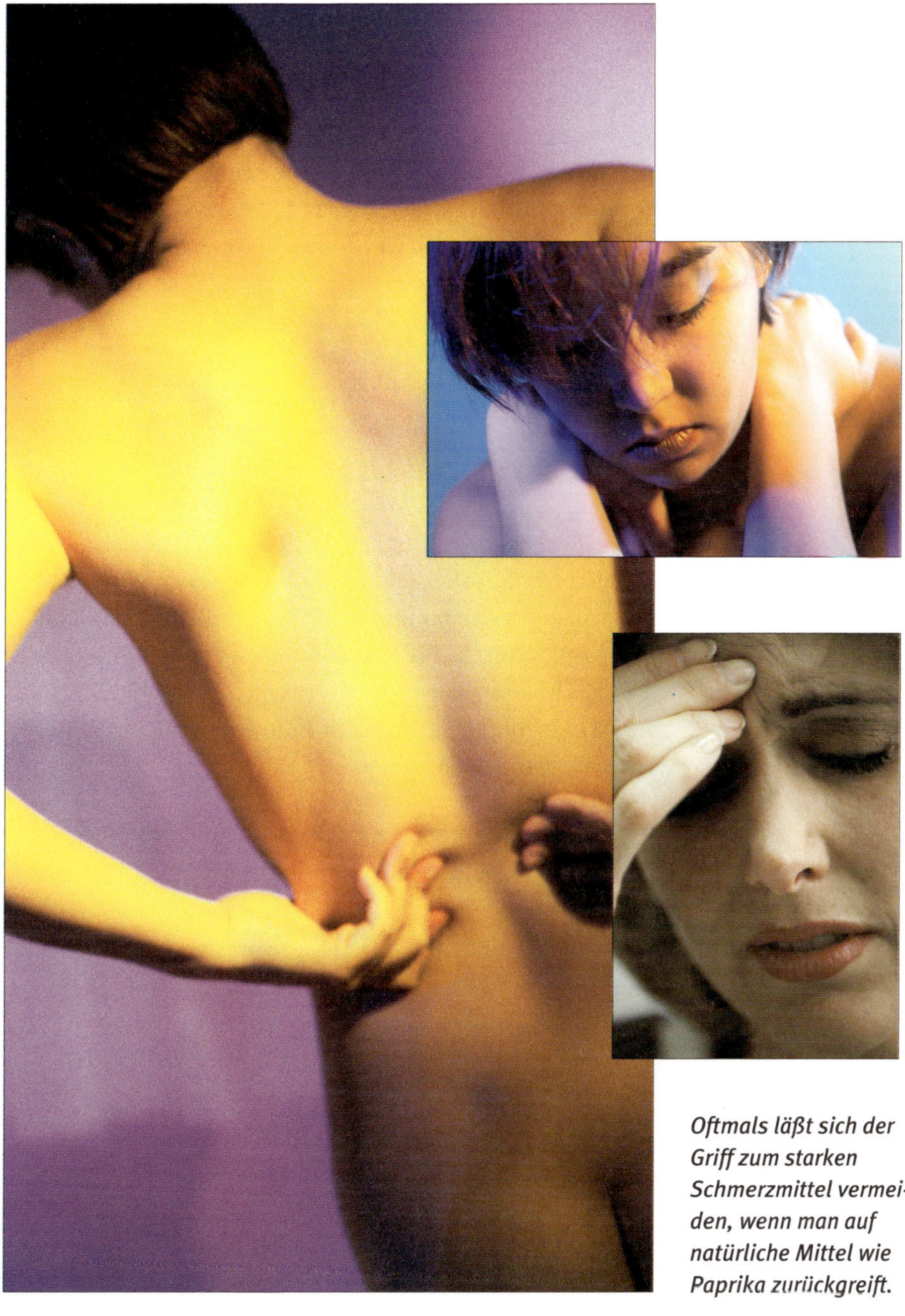

Oftmals läßt sich der Griff zum starken Schmerzmittel vermeiden, wenn man auf natürliche Mittel wie Paprika zurückgreift.

Capsaicin spricht die Wärmerezeptoren der Haut an.

zündungserregend zu sein. Neuro-Wissenschaftler haben herausgefunden, worauf die schmerzlindernde Wirkung des Capsaicins beruht: Wenn an irgendeiner Stelle des Körpers ein Schmerz auftritt, leiten bestimmte Botenstoffe – sie werden Neurotransmitter genannt – die Nachricht von einer Nervenzelle zur anderen bis zum Gehirn weiter. Schmerzforscher nennen diesen speziellen Neurotransmitter Substanz P. Gelingt es, die Substanz P auszuschalten, bleibt das Schmerzempfinden aus. Capsaicin bringt den Schmerzbotenstoff auf ganz natürliche Weise zum „Schweigen". Kommen Nervenzellen mit dem Paprika-Scharfmacher in Berührung, reagieren sie wie auf einen besonders heftigen Schmerz, schütten also hohe Mengen der Substanz P aus. Wird capsaicinhaltige Salbe mehrmals nacheinander auf dieselbe Hautpartie aufgetragen, schütten die betroffenen Nervenzellen so lange ihren Schmerz-Neurotransmitter aus, bis sich der Vorrat vorerst erschöpft hat. Nun ist man für eine Zeitlang vom Schmerzempfinden befreit.

Warum empfindet man Chilipulver als heiß?

Der Rezeptor für das Capsaicin wird nicht nur durch diesen Paprika-Inhaltsstoff aktiviert, sondern er reagiert gleichermaßen auf Hitzereize. Dies erklärt, weshalb man die Schärfe von Gewürzpaprika-Früchten oder Chilipulver anders als die Pfefferschärfe empfindet: als heißes Brennen, ähnlich wie nach dem Genuß von zu heißen Speisen oder Getränken.

Haupteinsatzbereich für äußerlich anzuwendende Capsaicin-Arzneien sind Rheuma, Ischias, Neuralgien, Rückenschmerzen und Hexenschuß. Neben verschiedenen Salben für diese Anwendungsbereiche gibt es seit über 70 Jahren Wärmepflaster, beispielsweise das ABC-Wärmepflaster, benannt nach den früher enthaltenen Wirkstoffen:

In Amerika wird Capsaicin auch gegen Schuppenflechte und Herpes-Viren eingesetzt (Zostrix-Salbe).

- Arnika wirkt entzündungshemmend und erweitert die Blutgefäße.
- Belladonna (Tollkirsche) ist nicht mehr enthalten.
- Capsaicin, der Schärfeextrakt aus den Samen und Scheidewänden von Gewürzpaprika.

Es gibt weitere Schmerzbeschwerden, die sich mit der Natursubstanz Capsaicin behandeln lassen: Zur Vorbeugung gegen Migräne und als Linderungsmittel bei sonstigen Kopfschmerzen. Hier beruht die Wirkung nicht nur darauf, daß die Neurotransmitter-Substanz P aufgebraucht wird, sondern auch auf der Gefäßerweiterung und damit verbesserten Durchblutung. Es ist in jedem Fall einen Versuch wert, bei akuten Kopfschmerzen eine scharfe Gewürzpaprika-Frucht zu essen. Sie sollte allerdings mindestens den Schärfegrad 5 erreichen, noch besser 7 bis 8, um den schmerzlindernden Wirkstoff Capsaicin in ausreichender Menge zu enthalten.

Am höchsten ist der Capsaicingehalt in grünen Früchten kurz vor dem Farbumschlag. Mit fortschreitender Reife vermindert sich der Gehalt.

Paprika-Arznei aus der Apotheke

Im Pepperland Amerika gibt es unzählige Arzneimittel, die den medizinisch wirksamen Paprika-Inhaltsstoff Capsaicin enthalten. Die Apotheken in Deutschland bieten derzeit zehn capsaicinhaltige Präparate an.

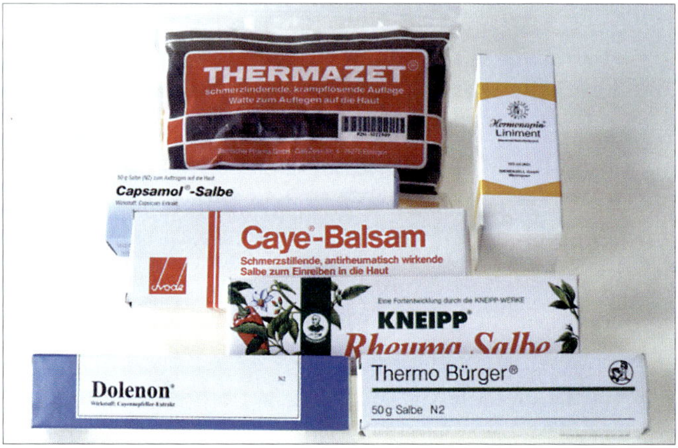

Das **ABC-Wärmepflaster** ist das älteste Paprikaheilmittel gegen Rheuma und Hexenschuß. Es enthält neben 55 mg Arnika 1200 mg Cayennepfeffer und 70 mg Cayennepfeffer-Extrakt; das entspricht 11 mg Capsaicinoide.

Thermazet-Watte wirkt ähnlich wie das ABC-Pflaster und wird bei schmerzhaften Muskelverspannungen wie Hexenschuß und steifem Hals verordnet. Die Watte ist imprägniert mit einem Flüssigextrakt von Cayennepfeffer und enthält in 100 g Watte 10 mg Capsaicinoide, berechnet als Capsaicin. Weiterer wirksamer Bestandteil sind 20 g Flüssigextrakt aus Hamamelisrinde.

Hamamelis dichtet die Gefäßwände ab und beugt so Ödemen vor.

Capsamol-Salbe empfiehlt sich ebenfalls bei Muskelschmerzen im Bereich von Arm, Schulter und Wirbelsäule. 100 g Salbe enthalten 50 mg Capsaicinoide.

Bei **Capsamol-Lösung** für rheumatische Erkrankungen wirken in 100 ml außer 1 g Capsaicinoide pflanzliche Öle aus Thymian, Nelken, Rosmarin, Eukalyptus, Zitrone und Pfefferminze.

Caye-Balsam, eine schmerzstillende, antirheumatische Salbe, die auch Sportverletzungen, Prellungen und

Bandscheibenbeschwerden lindert, enthält in 100 g außer 0,1 g Capsaicinoide auch 0,5 g Cumarin und Lavendelöl, zudem noch verschiedene synthetische Wirkstoffe.

Auch **Ammodyn N Percutan**, eine Schlangengift-Einreibung, beinhaltet neben Schlangengift und 11 g Capsaicinoide zwei chemische Wirkstoffverbindungen. Die Salbe wirkt bei Neuralgien, Verstauchungen, Sehnenscheidenentzündung, Muskelkater, Frostbeulen, Hexenschuß, rheumatischen und arthritischen Beschwerden.

Bei **Dolenon** wirken ebenfalls chemische Stoffe mit, um Nervenschmerzen wie Phantomschmerz, Muskelschmerzen und rheumatische Gelenkerkrankungen zu bekämpfen. Hauptwirkstoff ist jedoch das Paprikaextrakt Capsaicin mit 12,5 mg in 100 g Salbe.

Rein pflanzlich ist die **Kneipp-Rheuma-Salbe**, die je 100 g Salbe volle 4 g (= 4000 mg) Capsaicinoide enthält. Sie wird bei rheumatischen Muskelschmerzen, Ischias und Neuralgien eingesetzt.

Auch **Thermo-Bürger-Salbe** enthält nur pflanzliche Wirkstoffe: neben Kiefer- und Fichtennadelöl 40 mg Capsaicinoide je 100 g Salbe, der Einsatzbereich ist ähnlich wie bei Kneipp-Rheuma-Salbe.

Thermo-Bürger-Salbe wirkt bei rheumatischen Muskelschmerzen, Ischias und Neuralgien.

Hormonapin-Linimet-Lösung ist ein pflanzliches Präparat in flüssiger Form. Es setzt sich zusammen aus dem Hauptbestandteil Bienenbrutsaft (Hormonapin), ferner 0,5 g Kampfer, 0,5 g Cayennepfeffer-Extrakt (= 1 % Capsaicinoide) sowie Olivenöl und Eukalyptusöl. Die Lösung wirkt bei Gelenkentzündungen, Muskel- und Gelenkrheuma, Arthrosen, Prellungen und Zerrungen.

Paprika in der Küche

Paprika hat viele Gesichter. Die Farbenvielfalt bringt lebendiges, appetitanregendes Bunt in die Speisen, die Sortenvielfalt ermöglicht allerlei Geschmacks- und Schärfevariationen. Und Paprika bietet eine weitere Vielfalt: die der gesundheitsfördernden Inhaltsstoffe. Die Rezepte sollen anregen, Paprika zum genauso selbstverständlichen Bestandteil des Speisezettels werden zu lassen wie Kartoffeln, Möhren, Zwiebeln und Äpfel.

Wird statt rotem und gelbem ausschließlich grüner Gemüsepaprika verwendet, schmecken die Gerichte etwas herber, aber intensiver nach Paprika.

Mit zunehmender Kochpraxis entwickelt jeder besondere Gewohnheiten und Vorlieben. Einige Hinweise zum Kochen mit Gemüse- und Gewürzpaprika sollen beim Entwickeln guter Kochgewohnheiten helfen.

Zu jedem Gemüse gibt es Partner, die besonders gut passen. Gemüsearten, die Paprika ideal ergänzen, sind Tomate, Gemüsekürbis (dazu zählen neben Zucchini auch Rondini und Squash), Zwiebeln, Auberginen, Möhren, Mais, Linsen und Bohnenkerne. Bei den Kräutern harmonieren Oregano, Majoran, Basilikum, Rosmarin, Thymian, Currykraut, Salbei (in Spuren), Schnittlauch und Knoblauch gut mit Paprika.

Gewürzt wird vorzugsweise mit Salz, Pfeffer, Paprikapulver, Chilipulver; eventuell auch Piment oder Kreuzkümmel (Kumin). Zum Abschmecken bietet sich grundsätzlich etwas Zucker oder Honig an – ein halber Teelöffel genügt. Zucker wirkt als natürlicher Geschmacksverstärker und ersetzt das in seinen schädlichen Nebenwirkungen umstrittene Glutamat, das viele Würzmischungen, Brühen und Fertigsoßen reichlich enthalten.

Weitere Helfer beim Abschmecken von Paprikagerichten sind Apfelessig, Zitronensaft oder Wein. Als angenehme süß-saure Ergänzung dienen auch Äpfel, sie harmonieren roh und gekocht hervorragend mit Paprika. Da beim Apfel bis zu Dreiviertel der wertgebenden Inhaltsstoffe wie Vitamine und bioaktive Substanzen in und direkt unter der Schale sitzen, verbietet sich Schälen von selbst.

Olivenöl ist aus der südländischen Küche nicht wegzudenken und paßt besser als jedes andere Speiseöl zum sonnenhungrigen Paprika. Die gute Gesundheit vieler Südländer wird neben dem reichlichen Zwiebel- und Knoblauchverzehr auch der Allgegenwart von Oliven zugeschrieben. Um die Gesundheitswirkung von Paprika noch zu steigern, wurde in den ausgewählten Rezepten nur Olivenöl verwendet.

Tomaten- und Gemüsesäfte sind schwach gesalzen. Werden sie als Brüheersatz verwendet, ist Abschmecken mit weiterem Salz meist erforderlich.

Eine weitere, sehr einfache Möglichkeit, beim Kochen den Gesundheitswert von Obst und Gemüse voll auszuschöpfen: statt Gemüsebrühe (hergestellt aus Instantpulver oder Brühwürfel) auf Tomatensaft oder Gemüsesaft zurückgreifen. Tomatensaft paßt besonders gut zu Paprikagerichten und ist in 330-, 500- und 750-ml-Flaschen erhältlich. Gemüsesaft enthält außer Tomaten auch Möhren, Sellerie und rote Bete. Gemüsesaft hat gegenüber Gemüsebrühe deutliche Vorteile. Er ist glutamatfrei und enthält nahezu alle wertgebenden Inhaltsstoffe des rohen Gemüses. Für einige „Gesundmacher" ist das Erhitzen, wie es beim Haltbarmachen des Saftes erfolgt, sogar förderlich: Sie werden erst durch die Wärmezufuhr freigesetzt.

Wer von den Gesundheitswirkungen des nur in Gewürzpaprika enthaltenen Capsaicins profitieren will und scharfe Gerichte schätzt, kann den Paprikagerichten Chilischoten hinzufügen. Aber Vorsicht beim Dosieren, vor allem, wenn die Sorte und damit der Schärfegrad nicht bekannt ist.

Salate

Mais-Paprika-Salat

Wenn Sie es etwa scharf mögen, liegen Sie mit diesem leckeren Salat genau richtig: die Chilischote verleiht dem Dressing die besondere Note. Statt dessen können Sie aber auch einfach nur Pfeffer nehmen.

Zutaten für 4 Personen:
2 gelbe Paprika
1 rote Paprika
4 Tomaten
1 Zwiebel
200 g Maiskörner

Für die Salatsoße:
1 rote Chilischote
1 Knoblauchzehe
5 EL Olivenöl
3 EL Apfelessig
2 EL Apfelsaft
$^1/_2$ TL Zucker
Salz, Pfeffer
Petersilie, Schnittlauch, Dill

- Die Paprika waschen, entkernen und in feine Streifen schneiden. Die Tomaten achteln, die Zwiebel hacken. Alle Salatzutaten mit den Maiskörnern vermischen.
- Für die Soße die Chilischote sehr fein schneiden und den Knoblauch durchpressen. Zusammen mit Öl, Essig, Apfelsaft und den Kräutern eine Salatsoße bereiten und mit Zucker, Salz und Pfeffer abschmecken.
- Die Soße unmittelbar vor dem Servieren über das Mais-Paprika-Tomaten-Gemisch gießen.

Nährstoffgehalt pro Portion:

196 kcal / 818 kJ

3 g Eiweiß
14 g Fett
15 g Kohlenhydrate

Paprika-Rohkost

Dieser bunte Salat ist nicht nur eine wahre Freude fürs Auge – vor allem, wenn Sie die Paprika-Rohkost mit dem Käse garnieren.

Wenn möglich, sollten Sie immer rote Zwiebeln verwenden: Sie enthalten mehr bioaktive Substanzen als weiße.

Zutaten für 4 Personen:
2 rote Paprika
1 gelbe Paprika
1 grüne Paprika
1 Zwiebel
1 Tomate
100 g Hartkäsestreifen oder Schafskäsewürfel

Für die Salatsoße:
3 EL Olivenöl
2 EL Apfelessig
Salz
Zucker
Pfeffer, evtl. Piment
Kräuter nach Belieben

- Paprika waschen, entkernen und in schmale Streifen schneiden.
- Zwiebel in feine Ringe schneiden, Tomate kleinwürfeln.
- Hartkäsestreifen oder Schafskäsewürfel sowie Paprikastreifen zugeben und alles vorsichtig vermischen.
- Eine Salatsoße bereiten aus Öl, Essig, Salz, Zucker, Pfeffer und Kräutern. Mit der Rohkost vermischen.

Nährstoffgehalt pro Portion:

171 kcal / 714 kJ

6 g Eiweiß
13 g Fett
9 g Kohlenhydrate

Eier-Paprika-Salat

Versuchen Sie doch einmal diesen Salat mit Eiern und Gewürzgurken!

Zutaten für 4 Personen:
6 Eier
2 rote Paprika
1 grüne Paprika
2 Äpfel
2 Gewürzgurken
2 Zwiebeln

Für die Salatsoße:
6 EL Olivenöl
2 EL Apfelessig
2 EL Zitronensaft
2 EL Apfelsaft
$^1/_2$ TL Senf
1 TL Mayonnaise
Zucker
Salz, Pfeffer
Schnittlauch

- Die Eier kochen, schälen und vierteln. Paprika, Äpfel (mit Schale) und Gurken würfeln, Zwiebeln kleinschneiden.
- Für die Soße Öl, Essig, Zitronen- und Apfelsaft, Senf und Mayonnaise mischen. Mit Zucker, Salz und Pfeffer abschmecken und über die vorbereiteten Zutaten gießen.
- Den Salat 10 Minuten durchziehen lassen und mit Schnittlauch bestreut servieren.

Nährstoffgehalt pro Portion:

332 kcal / 1382 kJ

11 g Eiweiß
25 g Fett
15 g Kohlenhydrate

Suppen

Italienische Paprikacreme

Diese leichte, cremige Suppe schmeckt angenehm fruchtig durch den Traubensaft.

Zutaten für 4 Personen:
3 rote Paprika
1 kleine Zwiebel
30 g Margarine
2 EL Paprika „edelsüß“
1 EL Tomatenmark
30 g Haferkleie-Flocken
$^{1}/_{8}$ l Traubensaft
1 l Gemüsebrühe
125 g saure Sahne
1 Knoblauchzehe
Pfeffer, Salz
Basilikumblätter

- Paprika waschen, entkernen und fein würfeln. Zwiebeln kleinhacken und in Margarine anschwitzen. Einige Paprikawürfel zur Seite legen, die übrigen in die Pfanne geben und kurz mitgaren.
- Paprikagewürz, Tomatenmark und Haferkleie-Flocken hinzufügen und anrösten. Mit Traubensaft sowie Gemüsebrühe ablöschen und etwa 20 Minuten köcheln lassen.
- Die Suppe pürieren und nochmals kurz erhitzen. Dann von der Herdplatte nehmen und den Großteil der sauren Sahne unterziehen. Mit durchgepreßter Knoblauchzehe, Pfeffer und Salz abschmecken.
- Die Paprikacreme mit einem „weißen“ Tupfer sowie Basilikumblättern und Paprikawürfeln garnieren.

Nährstoffgehalt pro Portion:

180 kcal / 751 kJ

4 g Eiweiß
10 g Fett
18 g Kohlenhydrate

Paprika-Ingwer-Suppe

Asiatisch inspiriert: Diese Suppe besticht durch die Kombination sommerlicher Gemüse mit exotischem Ingwer.

Anstelle von Zucchini können Sie auch Rondini, Squash und alle anderen Kürbissorten verwenden.

Zutaten für 4 Personen:
4 rote Paprika
1 Lauchstange
1 Zwiebel
1 kleine Zucchini
30 g frischer Ingwer
3 EL Olivenöl
750 ml Gemüsebrühe
200 ml Sahne
1 EL Tomatenmark
1 TL Zitronensaft
½ TL Zucker oder Honig
Salz, Pfeffer, evtl. Piment
je 1 Bund Schnittlauch und Dill

- Gemüse waschen und putzen, dann die Paprika entkernen und in Streifen, den Lauch in Ringe schneiden. Die Zwiebel fein würfeln, die Zucchini in dünne Scheiben schneiden. Den Ingwer sehr fein hacken.
- Alle diese Zutaten im Olivenöl dünsten, dann mit Brühe und Sahne ablöschen. Die Suppe 10 Minuten kochen lassen.
- Dann Tomatenmark und Zitronensaft zugeben und mit den Gewürzen abschmecken.
- Ein Viertel der Gemüsestücke aus dem Topf nehmen, den Rest pürieren. Dann das entnommene Gemüse wieder zugeben und Dill und Schnittlauch über die Paprika-Ingwer-Suppe streuen.

Nährstoffgehalt pro Portion:

319 kcal / 1326 kJ

7 g Eiweiß
25 g Fett
17 g Kohlenhydrate

Nuß-Paprika-Beilage

Dieses Paprikagemüse erhält seine besondere, exotische Note durch Kurkuma, Koriander und Kreuzkümmel.

Zutaten für 4 Personen:
5 rote Paprika
Olivenöl
1 TL Kurkumapulver
1/2 TL Cayennepfeffer (oder weniger)
200 g feingehackte Walnüsse
1 Apfel
1 Prise Koriander oder Kreuzkümmel
Salz
Curry
1 EL geröstete Sesamsamen

- Gewaschene und entkernte Paprikaschoten würfeln und in Olivenöl dünsten. Kurkuma und Cayennepfeffer mitdünsten.
- Wenn die Paprikawürfel zwei Drittel gar sind, die feingehackten Walnüsse und den in feine Spalten geschnittenen Apfel hinzufügen und gar dünsten.
- Das Paprikagemüse mit Koriander oder Kreuzkümmel, Salz und Curry abschmecken und mit den Sesamsamen bestreuen.

Nährstoffgehalt pro Portion:

436 kcal / 1809 kJ

9 g Eiweiß
36 g Fett
19 g Kohlenhydrate

Kürbis-Paprika-Chutney

Selbst wenn Sie bisher kein Freund von Chutneys waren: Diese Variante mit Sommergemüsen überzeugt Sie sicherlich! Paßt gut zu Kurzgebratenem oder Gegrilltem.

Zutaten für 4 Personen:
800 g Kürbisfleisch
4 rote Paprika
6 Tomaten
2 Zwiebeln
3 Zitronen (Saft)
200 g Rosinen
500 ml Apfelessig
150 g Honig
1 TL Salz
1 TL Pfeffer
1 TL Zimtpulver
1 TL Nelkenpulver

- Kürbisfleisch grob hacken, Paprikaschoten entkernen und würfeln. Die Tomaten im Mixer zerkleinern und die Zwiebeln fein hacken.
- Rosinen, Zitronensaft, Essig und Honig hinzufügen und das Chutney mit den Gewürzen abschmecken.
- Alle Zutaten 70 Minuten kochen, gelegentlich umrühren. Heiß in Einmachgläser füllen, die Gläser sofort schließen.

Nährstoffgehalt pro Portion:

368 kcal / 1564 kJ

6 g Eiweiß
1 g Fett
81 g Kohlenhydrate

Toskanisches Paprikagemüse

Dieses leichte, bunte Sommergemüse bringt mit Knoblauch und Rosmarin einen Hauch Italien auf unseren Tisch.

Zutaten für 4 Personen:
2 Auberginen
4 Tomaten
4 grüne Paprika
3 Zwiebeln
1 Knoblauchzehe
Olivenöl
1 kleiner Apfel
Rosmarin
300 ml Gemüsebrühe
Salz, Pfeffer
1 Prise Zucker
Petersilie

- Auberginen in Scheiben schneiden, mit etwas Salz bestreuen, 10 Minuten ziehen lassen und dann mit kaltem Wasser abspülen: Das entfernt die Bitterstoffe.
- Tomaten grob würfeln, Paprika entkernen und in Streifen schneiden. Zwiebeln in Würfel oder feine Scheiben schneiden, Knoblauchzehe zerdrücken und alles gemeinsam in Olivenöl dünsten.
- Nach der halben Garzeit Apfelstückchen hinzufügen und mitdünsten. Mit Rosmarin würzen.
- Das Gemüse mit der Brühe ablöschen, aufkochen und mit Salz, Pfeffer sowie Zucker würzen. Vor dem Servieren mit frischer Petersilie bestreuen.

Nährstoffgehalt pro Portion:

121 kcal / 512 kJ

5 g Eiweiß
4 g Fett
16 g Kohlenhydrate

Apfel-Paprika-Gemüse

Die Äpfel geben diesem ungewöhnlichen Gemüse die säuerlich-fruchtige Note.

Zutaten für 4 Personen:
4 rote Paprika
4 grüne Paprika
2 Zwiebeln
Olivenöl
3 Äpfel
300 ml Gemüsebrühe
$^1/_2$ TL Zucker oder Honig
Salz
Pfeffer
Paprikapulver

Nährstoffgehalt pro Portion:

151 kcal / 638 kJ

4 g Eiweiß
4 g Fett
24 g Kohlenhydrate

- Paprikaschoten waschen, entkernen und in Streifen schneiden. Anschließend zusammen mit den gewürfelten Zwiebeln 5 Minuten in Olivenöl dünsten.
- Dann die in Spalten geschnittenen Äpfel zugeben und das Gemüse weitere 5 Minuten garen.
- Gemüsebrühe zugießen und noch einmal 5 Minuten kochen lassen.
- Zum Schluß mit Zucker, Salz, Pfeffer und Paprikapulver würzen.

Ratatouille

Genießen Sie diesen berühmten südfranzösischen Gemüsetopf stilvoll mit Baguette oder auch mit Reis.

Zutaten für 4 Personen:
2 rote Paprika
2 grüne Paprika
2 kleine Zucchini
4 Tomaten
1 Zwiebel
1 Knoblauchzehe
3 EL Olivenöl
2 EL Weizenmehl
Majoran, Rosmarin, Thymian, Petersilie
$^{1}/_{2}$ TL Zucker oder Honig
Salz
Pfeffer
evtl. etwas Sahne

- Paprika, Zucchini und Tomaten waschen und kleinschneiden. Zwiebel und Knoblauchzehe fein hacken, dann alle Zutaten 20 Minuten im Olivenöl vorsichtig dünsten.
- Das Mehl mit etwas kaltem Wasser zu einem glatten Brei verrühren und damit die beim Dünsten entstandene Gemüseflüssigkeit binden. Die (möglichst frischen) gehackten Kräuter zugeben und noch etwas weiter köcheln lassen.
- Das Ratatouille mit Zucker, Salz, Pfeffer und eventuell Sahne abschmecken.

Nährstoffgehalt pro Portion:

167 kcal / 702 kJ

5 g Eiweiß
9 g Fett
17 g Kohlenhydrate

Hauptgerichte

Paprikaomelett

Mit einem grünen Salat und Baguette ergibt dieses herzhafte Omelett eine vollwertige Mahlzeit.

Zutaten für 4 Personen:
2 Zwiebeln
1 Knoblauchzehe
4 Paprika
Olivenöl
4 Eier
4 EL Milch
Salz, Pfeffer
Thymian

Nährstoffgehalt pro Portion:

151 kcal / 631 kJ

8 g Eiweiß
9 g Fett
10 g Kohlenhydrate

- Zwiebeln und Knoblauch fein hacken, Paprika in schmale Streifen schneiden. Alles 10 Minuten in Olivenöl dünsten.
- Eier, Milch, Salz, Pfeffer und Thymian gut verrühren, über das Gemüse in der Pfanne gießen und langsam stocken lassen.

Paprikaringe

Dieses Gericht ist überaus pikant – ungeübte Chili-Esser sollten nur eine halbe Chili verwenden.

Zutaten für 4 Personen:
2 grüne Paprika
2 rote Paprika
1 rote Chilischote
1 grüne Chilischote

1 Bund Schnittlauch
6 Eier
8 EL Milch
Salz, Pfeffer
Muskat
Olivenöl

Werden die Paprikaringe gut an den Pfannenboden gedrückt, fließt die Eimasse nicht unter ihnen durch.

- Paprika waschen, entstielen und vorsichtig entkernen. In 1 cm dicke Ringe schneiden. Chilischoten und Schnittlauch fein hacken.
- Eier, Milch und Gewürze verquirlen, dann Chilistücke und Schnittlauch unterrühren.
- Paprikaringe in Olivenöl 3 Minuten dünsten. Danach vorsichtig Eiermilch in die Ringe gießen und stocken lassen.

Nährstoffgehalt pro Portion:

177 kcal / 739 kJ

11 g Eiweiß
12 g Fett
7 g Kohlenhydrate

Paprika mit Hackfleischfüllung

Wenn Sie lieber keine reine Fleischfüllung möchten, können Sie die Hälfte des Hackfleisches auch ersetzen durch dieselbe Menge gekochten Reis, gekochte Kartoffelwürfelchen oder gekochten Grünkern.

Zutaten für 4 Personen:
4 sehr große rote Paprika
1 Zwiebel
1 Knoblauchzehe
Olivenöl
500 g Hackfleisch
Salz, Pfeffer
1/2 TL Zucker
1 TL Paprikapulver

1 Prise Cayennepulver
Petersilie, Rosmarin
1 Ei
100 ml Gemüsebrühe
1 EL Paniermehl
100 ml saure Sahne
3 EL Tomatenmark

- Paprika waschen, Stiel ausschneiden, halbieren und die Schoten entkernen. Dann die Hälften in eine gefettete Auflaufform setzen.
- Zwiebel kleinschneiden und mit der durchgepreßten Knoblauchzehe in Olivenöl zusammen mit dem Hackfleisch anbraten.
- Gewürze (bei Zucker und Paprikapulver jeweils die Hälfte), Kräuter und Ei dazumischen und alles in die Paprikaschoten füllen. Die Gemüsebrühe dazugießen.
- Paniermehl auf die Füllung streuen und die Paprika bei 180 °C im Backofen 45 Minuten garen.
- Danach die Flüssigkeit abgießen und mit saurer Sahne und Tomatenmark verrühren. Mit Pfeffer, dem restlichen Zucker und Paprikapulver abschmecken und separat zu den Paprikaschoten servieren.

Nährstoffgehalt pro Portion:

342 kcal / 1430 kJ

29 g Eiweiß
20 g Fett
13 g Kohlenhydrate

Pilz-Paprika-Gulasch

Zu diesem leckeren Gulasch passen Reis, Kartoffeln oder auch Nudeln.

Zutaten für 4 Personen:
500 g frische Champignons
2 rote Paprika
1 grüne Paprika
2 Zwiebeln
1 Knoblauchzehe
Olivenöl
400 ml Tomatensaft
2 EL Tomatenmark
1 EL Paprikapulver
1/2 TL Cayennepulver (oder weniger)
Salz
1 Prise Zucker
Kräuter nach Belieben (z. B. Petersilie, Schnittlauch, Majoran, Thymian)
100 g Crème fraîche, Schmand oder Sahne

- Die Pilze putzen und vierteln, die Paprikaschoten waschen, entkernen und in Streifen schneiden.
- Die Zwiebeln fein hacken und mit der durchgepreßten Knoblauchzehe in Olivenöl dünsten.
- Nach 5 Minuten Paprika und Champignons zugeben und weitere 5 Minuten dünsten.
- Tomatensaft, Tomatenmark, Gewürze und Kräuter unterrühren und wiederum 5 Minuten weitergaren.
- Zum Schluß Crème fraîche unterziehen.

Nährstoffgehalt pro Portion:

173 kcal / 719 kJ

6 g Eiweiß
11 g Fett
12 g Kohlenhydrate

Eier-Paprika-Pfanne

Auch in dieser deftigen Gemüsepfanne mit Eiern und Käse sollte die Chilischote ebensowenig fehlen wie der Knoblauch.

Zutaten für 4 Personen:
3 rote Paprika
1 Chilischote
2 Zwiebeln
1 Knoblauchzehe
Olivenöl
5 Tomaten
7 bis 8 Eier (je nach Größe)
$^1/_2$ TL Paprikapulver
Salz
Kräuter der Provence
150 g geriebener Hartkäse
oder 100 g Schafskäse

- Paprika- und Chilischoten waschen, entkernen und in Streifen schneiden und mit feingehackten Zwiebeln und durchgepreßtem Knoblauch in Olivenöl dünsten.
- Nach der halben Garzeit gewürfelte Tomaten zugeben.
- Eier, Gewürze und Kräuter verquirlen und über das gedünstete Gemüse gießen. Die Paprika-Kartoffel-Pfanne etwas stocken lassen.
- Zum Schluß den Käse darüber geben und zugedeckt nochmals 3 Minuten weitergaren.

Nährstoffgehalt pro Portion:

352 kcal / 1471 kJ

23 g Eiweiß
25 g Fett
10 g Kohlenhydrate

Chili sin carne

Im Gegensatz zum bekannten „Chili con carne“ ist dieses Rezept rein vegetarisch. („Sin carne“ bedeutet „ohne Fleisch“.)

Zutaten für 4 Personen:
500 g Kidneybohnen
3 Zwiebeln
Olivenöl
150 ml Gemüsesaft oder Rotwein
8 Tomaten
1 Knoblauchzehe
1 bis 3 Chilischoten (je nach Schärfe)
1 TL Kräutersalz
2 Paprika
2 EL Tomatenmark
1 TL Honig
2 TL Oregano
Paprikapulver, Chilipulver

- Die über Nacht eingeweichten Bohnen gar kochen.
- Zwiebeln fein hacken und in Olivenöl dünsten, dann mit Gemüsesaft oder Rotwein ablöschen. Die gewürfelten Tomaten zugeben und aufkochen. Danach alles pürieren.
- Knoblauch und Chilischoten mit dem Salz zerrreiben und eine Paste herstellen aus Tomatenmark, Honig, Oregano, Paprika- und Chilipulver.
- Die Knoblauch-Chili-Paste zusammen mit den Bohnen in die Tomatensoße geben und nochmals kurz aufkochen.

Nährstoffgehalt pro Portion:

217 kcal / 919 kJ

12 g Eiweiß
4 g Fett
34 g Kohlenhydrate

Paprika-Querbeet

Variieren Sie diese interessante Gemüsepfanne, indem Sie statt Hirse Buchweizen verwenden.

Zutaten für 4 Personen:
200 g Hirse
3 Paprika (je 1 rot, gelb, grün)
1 Zucchini (oder Rondini oder Squash)
1 Tomate
5 Möhren
1 Apfel
3 Zwiebeln
Olivenöl
Petersilie, Schnittlauch, Thymian
Kräutersalz
Pfeffer
Curry, Paprikapulver, Chilipulver
100 g Hartkäse (z. B. Gouda)
100 g Schafskäse

- Die am Vortag in einer Gemüsebrühe eingeweichte Hirse aufkochen und 20 Minuten ausquellen lassen.
- Paprika, Zucchini, Tomate, Möhren und Apfel waschen und putzen, dann würfeln. Die Zwiebeln fein hacken. Alle Gemüse in Olivenöl dünsten.
- Hirse, die Hälfte der gehackten Kräuter und die Gewürze zugeben. Den geriebenen Hartkäse unterrühren.
- Zum Schluß den gewürfelten Schafskäse und die restlichen Kräuter darüber streuen.

Nährstoffgehalt pro Portion:

459 kcal / 1934 kJ

20 g Eiweiß
18 g Fett
54 g Kohlenhydrate

Paprikapfanne mit Banane

Für dieses schnelle Gericht sollten Sie unbedingt reife Bananen verwenden, damit ihr Aroma voll zur Geltung kommt.

Zutaten für 4 Personen:
4 Zwiebeln
1 EL Öl
4 Kalbsschnitzel (à 125 g)
Paprikapulver (scharf oder edelsüß)
400 g rote Paprika
400 g grüne Paprika
4 Bananen
1 EL Petersilie

- Die Paprikaschoten waschen, entkernen und in Streifen schneiden.
- Die Zwiebeln in dünne Ringe schneiden und in einer beschichteten Pfanne glasig dünsten.
- Die Kalbsschnitzel in Streifen schneiden und bei großer Hitze mit den Zwiebeln anbraten. Mit Paprikapulver würzen.
- Jetzt die Paprikastreifen zugeben und etwa 5 Minuten zugedeckt schwach kochen lassen.
- Die Bananen in Scheiben schneiden und unter die Fleisch-Gemüse-Mischung geben. Kurz mit erhitzen.
- Die Paprikapfanne, mit feingehackter Petersilie überstreut, servieren.

Nährstoffgehalt pro Portion:

338 kcal / 1429 kJ

31 g Eiweiß
7 g Fett
38 g Kohlenhydrate

Paprika-Kartoffel-Gratin

Dieser gehaltvolle Kartoffelauflauf schmeckt sehr saftig durch Gemüse und viel Mozzarella.

Zutaten für 4 Personen:
750 g Kartoffeln
3 Zwiebeln
500 g Paprika
250 g Zucchini (oder Rondini oder Squash)
Olivenöl
500 g Tomaten
200 ml Gemüsesaft
2 EL Tomatenmark
2 Handvoll frische Kräuter (z. B. Basilikum, Petersilie, Schnittlauch, Oregano)
1 Knoblauchzehe
Salz, Pfeffer
Paprikapulver
250 g Mozzarella
150 g Parmesan
1 EL Paniermehl

- Kartoffeln bißfest kochen, schälen und in Scheiben schneiden.
- Zwiebeln hacken, Paprika entkernen und in Streifen schneiden. Zucchini in Scheiben schneiden und alles in Olivenöl dünsten.
- Für die Soße kleingeschnittene Tomaten in Gemüsesaft aufkochen. Dann Tomatenmark, Kräuter, gepreßte Knoblauchzehe und Gewürze zugeben.
- Die Hälfte der Kartoffelscheiben in eine Auflaufform füllen. Ein Drittel des in Scheiben geschnittenen

Mozzarellas und des Parmesans darüber geben, dann das gedünstete Gemüse hinzufügen.

- Den Auflauf mit der Tomatensoße übergießen und mit den restlichen Kartoffelscheiben bedecken. Den übrigen Mozarella darauf legen, mit dem übriggebliebenen Parmesan und dem Paniermehl bestreuen.
- Den Auflauf bei 200 °C 20 Minuten überbacken.

Nährstoffgehalt pro Portion:

557 kcal / 2338 kJ

33 g Eiweiß
26 g Fett
47 g Kohlenhydrate

Paprika „Mexikanische Art“

Servieren Sie diesen mexikanischen Paprika, gefüllt mit feurigem Chili, am besten mit Taco-Chips.

Zutaten für 4 Personen:

4 Paprikaschoten (à 200 g)
1 Knoblauchzehe
1 Chilischote
2 Lauchzwiebeln
2 EL Olivenöl
500 g Rinderhack
Salz, Pfeffer, Cayennepfeffer
1 Dose geschälte Tomaten (425 ml)
1 Dose Kidney-Bohnen (425 ml)
1 Dose weiße Bohnen (425 ml)
je 1/2 Bund Thymian und Oregano
1 Weichkäse mit grünem Pfeffer

- Die Paprikaschoten halbieren, entkernen und waschen. Die Knoblauchzehe schälen und fein hacken.
- Die Chilischote entkernen, waschen und ebenfalls fein hacken. Die Lauchzwiebeln putzen, waschen und in Ringe schneiden.

- Öl in einer Pfanne erhitzen und Knoblauch sowie Chili darin andünsten. Jetzt das Hackfleisch hinzufügen, mit Salz, Pfeffer und Cayennepfeffer würzen und unter Rühren krümelig braten.
- Anschließend die geschälten Tomaten mitsamt dem Saft hinzufügen und alles kurz aufkochen lassen.
- Die beiden abgetropften Bohnensorten, die feingehackten Kräuter sowie die Lauchzwiebelringe zum Hack geben und untermischen.
- Alles etwa 10 Minuten bei mittlerer Hitze so lange weitergaren, bis die Flüssigkeit verdampft ist. Dann den Chili nochmals mit den Gewürzen abschmecken.
- Den Weichkäse entrinden, in kleine Stücke schneiden und unter den Chili heben.
- Zum Schluß die Paprikahälften mit dem Chili füllen, in eine feuerfeste Form setzen und im vorgeheizten Backofen bei 200 °C etwa 10 Minuten garen.

Nährstoffgehalt pro Portion:

642 kcal / 2684 kJ

51 g Eiweiß
25 g Fett
52 g Kohlenhydrate

HERRADURA

Adressen

Die im Kapitel „Paprika als Kulturgut" vorgestellten Künstler bieten ihre Werke als Originale, handsignierte Drucke und Postkarten an. Sie werden vermittelt von:

Harald Zoschke
825 115th Avenue, Treasure Island
Florida 33706, USA
Tel. 00 18 13/3 67 13 67
Fax 00 18 13/3 67 13 67 *51
E-mail: Hzoschke@pepperworld.com

Die Abwicklung erfolgt über seine Firma in Deutschland (Adresse siehe unter Literatur). Harald Zoschke hilft auch beim Beschaffen von besonderen Sorten, allerlei Chiliprodukten und Chili-Literatur.
Weitere Kontaktadressen finden sich unter den im Kapitel „Paprika als Kulturgut" genannten Internet-Seiten.

Literatur

Alles über Gewürzpaprika – Sorten, Anbau, Rezepte, Geschichten, Fotos ...

Andrews, Jean: The Domesticated Capsicums, 1995.
ISBN 0-292-70467-4

DeWitt, Dave: The Healing Powers of Peppers, 1998.
ISBN 0-609-80002-7

DeWitt, Dave: The Whole Chile Pepper Book, 1990.
ISBN 0-316-18223-0

DeWitt, Dave: Peppers of the World: An Identification Guide, 1997. ISBN 0-89815-840-0

Hazen-Hammond, Susan: Chile Pepper Fever – Mine's Hotter than Yours. ISBN 0-89658-228-0

Zoschke, Harald: Das Chili Pepper Buch, 1997. Bezug: Zoschke Data, Postfach 22, 24215 Schönberg, Fax 0 43 44/ 61 62, e-mail: info@zoschke.com

Informationen über Gemüse und Obst als Medizin

Biesalski, Hans: Vitamine, 1996. TRIAS,
ISBN 3-89373-357-4

Dittrich, Kathi/ Leitzmann, Claus: Bioaktive Substanzen, 1996. TRIAS, ISBN 3-89373-358-2

Hamm, Michael: Gesundheitsschutz aus Obst und Gemüse, 1996. Mosaik, ISBN 3-576-10687-1

Oberbeil, Klaus/ Lentz, Christiane: Gemüse und Obst als Medizin, 1996. Südwest, ISBN 3-517-01841-4

Oberbeil, Klaus: Fit durch Vitamine, 1997. Südwest,
ISBN 3-517-07618-X

Register